A você, que entrará agora nessa linda e reveladora psicografia, eu desejo muita luz, paz, amor e felicidade. Que as linhas por mim psicografadas, te ajude em sua jornada evolutiva.

São meus sinceros votos,
Osmar Barbosa

"Recomendo a leitura do escritor Osmar Barbosa; ele consegue nos transmitir ensinamentos espíritas de forma simples e objetiva. Traduz, através das linhas escritas, ensinamentos fundamentais para quem deseja saber um pouco mais sobre a vida nos planos espirituais e, tudo isso, em uma linguagem compreensiva a todos aqueles que necessitam de conforto e que desejam modificar suas vidas aprendendo a se tornar um Ser melhor.

Leiam os livros psicografados por ele!

Uma leitora..."

pelo Espírito NINA BRESTONINI

O OUTRO LADO DA VIDA

Book Espírita Editora
1ª Edição
| Rio de Janeiro | 2024 |

OSMAR BARBOSA

BOOK ESPÍRITA EDITORA

Capa
Marco Mancen

Projeto Gráfico / Diagramação
Alone Editorial

Imagens capa e miolo
Depositphotos

Revisão
Iara Zanardo

Marketing e Comercial
Michelle Santos

Pedidos de Livros e Contato Editorial
comercial@bookespirita.com.br

Região Oceânica, Niterói,
Rio de Janeiro.

1ª edição
Prefixo Editorial: 991053
Impresso no Brasil

Dados Internacionais de Catalogação na Publicação (CIP)
(Câmara Brasileira do Livro, SP, Brasil)

Brestonini, Nina (Espírito)
O outro lado da vida / pelo espírito Nina Brestonini ; [psicografado] Osmar Barbosa. -- Niterói, RJ : Ed. do Autor, 2024.

ISBN 978-65-89628-44-6

1. Espiritismo - Doutrinas 2. Espiritualidade 3. Experiências de quase morte 4. Mediunidade 5. Obras psicografadas I. Barbosa, Osmar. II. Título.

24-190176 CDD-133.9

Índices para catálogo sistemático:

1. Espiritismo 133.9

Eliane de Freitas Leite - Bibliotecária - CRB 8/8415

Outros livros psicografados por Osmar Barbosa

Cinco Dias no Umbral

Gitano – As Vidas do Cigano Rodrigo

O Guardião da Luz

Orai & Vigiai

Colônia Espiritual Amor e Caridade

Ondas da Vida

Antes que a Morte nos Separe

Além do Ser – A História de um Suicida

A Batalha dos Iluminados

Joana D'Arc – O Amor Venceu

Eu Sou Exu

500 Almas

Cinco Dias no Umbral – O Resgate

Entre nossas Vidas

O Amanhã nos Pertence

O Lado Azul da Vida

Mãe,Voltei!

Depois

O Lado Oculto da Vida

Entrevista com Espíritos – Os Bastidores do Centro Espírita

Colônia Espiritual Amor e Caridade – Dias de Luz

O Médico de Deus

Amigo Fiel

Impuros – A Legião de Exus

Vinde à Mim

Autismo – A escolha de Nicolas

Umbanda para Iniciantes

Parafraseando Chico Xavier

Cinco Dias no Umbral – O Perdão

Acordei no Umbral

A Rosa do Cairo

Deixe-me Nascer

Obssessor

Regeneração – Uma Nova Era

Deametria – Hospital Espiritual Amor e Caridade

A Vida depois da Morte

Deametria – A Desobsessão Modernizada

O Suicídio de Ana

Cinco Dias no Umbral – O Limite

Guardião – Exu

Colônia Espiritual Laços Eternos

Despertando o Espiritual

Por que Você Morreu?

Aconteceu no Umbral

O Diário de um Suicida

Superior Tribunal Espiritual

Um Espírita no Umbral

Bem-vindo ao Umbral

O Diário de um Morto

Um Espírita no Umbral

A Garota do Balão

O autor doou todos os direitos desta obra à Fraternidade Espírita Amor e Caridade.
www.hospitalamorecaridade.org

Conheça um pouco mais de Osmar Barbosa:
www.osmarbarbosa.com.br

Recomendamos a leitura dos
outros livros psicografados por
Osmar Barbosa para maior
familiarização com os Espíritos
que estão neste livro.

O Editor.

Agradecimentos

Agradeço primeiramente a Deus por conceder a mim esse verdadeiro privilégio de servir humildemente como um mero instrumento dos planos superiores.

Agradeço a Jesus Cristo, espírito modelo, por guiar, conduzir e inspirar meus passos nessa desafiadora jornada terrena.

Agradeço a Nina Brestonini e aos demais espíritos, ao lado dos quais tive a honra e o privilégio de passar alguns dias psicografando este livro. Agradeço, ainda, pela oportunidade e por permitirem que essas humildes palavras, registradas nesta obra, ajudem as pessoas a refletirem sobre suas atitudes, evoluindo.

Agradeço também a minha família, pela cumplicidade, compreensão e dedicação. Sem vocês ao meu lado, me dando todo tipo de suporte, nada disso seria possível.

E agradeço a você, leitor amigo, que comprou este livro, e, com a sua colaboração, nos ajudará a levar a Doutrina Espírita e todos os seus benefícios e ensinamentos para mais e mais pessoas.

Obrigado!

A todos, os meus mais sinceros agradecimentos.

Osmar Barbosa

“

A vida não se resume a esta vida...

”

Nina Brestonini

Quem é Osmar Barbosa?

Um pouco da minha história.

Sou médium, dirigente, expositor, mas, acima de tudo, humano!

Cresci em São Gonçalo, no Rio de Janeiro, onde tive minhas primeiras experiências mediúnicas. Ainda na infância, tive a oportunidade de conviver com uma pessoa maravilhosa, que, na Terra, foi a minha mãe, Aurora Barbosa.

Com ela, aprendi a ser gente, amar as pessoas e valorizar tudo e todos. Acho que aprendi também a ser simples em minha maneira de observar o mundo.

De formação católica, conheci a Doutrina Espírita por orientação de companheiros espirituais, tendo ingressado no movimento espírita em 1987, no Grupo Espírita Frei Fabiano de Cristo, dirigido pela saudosa amiga Carolina Araújo.

Mais tarde, fundei a Casa Espírita de Oração Luz do Oriente, hoje chamada Fraternidade Espírita Amor e Caridade, onde no momento atuo como presidente em Itaipu, Niterói, Rio de Janeiro, desenvolvo atividades mediúnicas e auxilio na administração das obras sociais.

Sou comprometido com o ideal espírita, perfeitamente humano e cheio de perguntas para as quais não tenho respostas, embora tenha muitas respostas para perguntas que nunca formulei.

Adoro ser humano, bater um bom papo, ser amigo, rir, viajar e me divertir com a minha família.

Não sou obcecado por trabalho.

Acho que precisamos de um tempo para curtir a vida, o mundo e as pessoas. O planeta Terra é muito bonito, e precisamos ter um tempo à disposição para apreciar o mundo e suas experiências.

Adoro respirar ar puro e ouvir MPB. Curto muito cinema, principalmente drama, comédia e suspense.

Gosto de experimentos culinários e uma boa praia. Sou apenas humano, como você e muita gente boa por aí. Adoro ficar em casa com a minha família e os meus cinco filhos. Curto muito o meu lar, as minhas netas e os amigos.

Eu nunca pensei que chegaria onde estou, pois a vida não foi fácil no começo. Tive perdas que foram muito difíceis de superar, mas sempre me reinventei nos momentos mais difíceis e acho que ainda me reinvento diariamente para sobreviver e aprender com tudo e todos que se relacionam comigo nesta vida.

Sou estudioso da mediunidade e defendo a mediunidade séria em todos os sentidos, pois tenho convicção que o dom da mediunidade é algo muito especial, e especialmente deve ser exercido.

Aprendi com meus mentores que a "mediunidade é um dom divino, e divinamente devemos exercê-la".

Todos os dias aprendo com meus mentores espirituais e com os acontecimentos que a vida me traz, pois sei que nada que me acontece é por acaso. Tudo o que chega até mim traz um ensinamento, até mesmo aquilo que, em alguns momentos, acho ser ruim.

Assim, minha vida está sempre em transformação, pois coloco em prática tudo o que aprendo com a Espiritualidade que me assiste. Sempre exteriorizo todos os ensinamentos que minha religião me traz, pois sei que, se não tiver a bondade, a capacidade e o amor de compartilhar tudo o que aprendo, quando eu deixar a vida humana, todo o meu esforço terá sido em vão, visto que meu aprendizado morrerá comigo. Por isso, partilho o tempo todo tudo o que sei e aprendo em minha vida, seja na vida mediúnica, seja na vida de humano.

Aprendi que muitas vezes não serei compreendido e aceito por acreditar no que acredito, mas devo ter a sabedoria de entender que nem mesmo Jesus teve uma tarefa fácil quando esteve entre nós.

No mais, quero viver todas as experiências possíveis e extrair delas a minha evolução, que é pessoal e intransferível.

Este sou eu!

Sumário

19 | PREFÁCIO

41 | O DESDOBRAMENTO

49 | EQM - VOCÊ JÁ OUVIU FALAR?

59 | MINHA EXPERIÊNCIA DE QUASE MORTE (EQM)

77 | DESPERTANDO A ESPIRITUALIDADE

87 | MARCELINO

101 | OUTRO DIA

117 | A LIBERTAÇÃO

129 | A SURPRESA

141 | O UMBRAL

157 | O RESULTADO DAS ESCOLHAS

175 | CÂMARA DE REPARAÇÃO PERISPIRITUAL

191 | CÂMARA DE ESCLARECIMENTO E CONSCIENTIZAÇÃO

205 | A NOVA CASA

225 | CONSIDERAÇÕES MEDIÚNICAS

“

Todos os dias recebemos uma página em branco no livro da vida. O que você está escrevendo?

”

Osmar Barbosa

Prefácio

Era para ser mais um sábado normal em minha vida. Mas eu não havia dormido bem naquela noite. Até consegui ficar na cama até mais tarde, coisa rara em minha vida atualmente.

O dia era chuvoso e a temperatura havia baixado um pouco, o que me convidava a ficar na cama e dormir mais um pouco.

Minha esposa havia se levantado e já preparava nosso desjejum matinal. Foi quando percebi que, em meu quarto escuro, uma figura iluminada se apresentava.

Eu sou médium desde menino, como tenho relatado para todos vocês em diversas psicografias, e um dos tipos de mediunidade que mais exerço é a mediunidade de clarividência, a qual nos possibilita ver e ouvir os espíritos.

Tenho alguns outros tipos de mediunidade.

As que mais uso são clarividência, vidência, psicografia, desdobramento e psicofonia, além de alguns outros tipos que, quando há a necessidade, os mentores espirituais utilizam, mas que não são comuns em meu dia a dia.

Fiquei muito feliz quando olhei para os pés de minha cama e percebi que quem havia acabado de chegar em meu quarto era ninguém menos do que Nina Brestonini.

Conheci a Nina Brestonini há alguns anos. Embora a tenha visto em outros tempos, nunca havia sido apresentado à doce Nina pelo meu mentor espiritual.

Os espíritos têm alguns mistérios que, por vezes, não entenderemos. Aconselho todos a esperar pelo tempo certo, onde tudo nos será revelado.

Como disse há pouco, eu conheci a Nina Brestonini pessoalmente quando ela me foi apresentada pelo meu mentor espiritual, o Rodrigo, em uma noite quente de domingo. Foi ela quem nos presenteou com o livro *Cinco Dias no Umbral*, sucesso absoluto em todos os meios possíveis. Inclusive, é o livro que transforma diariamente muitas pessoas, pois nos mostra o amor que nosso Pai tem por todos os Seus filhos, em todos os lugares imagináveis da Criação.

Sou e serei eternamente grato por ter sido escolhido pela Nina para transmitir não só o que o livro *Cinco Dias no Umbral* nos relata, mas também a sequência, que tive a oportunidade de psicografar junto dela.

Se você, que está lendo este livro, ainda não conhece os livros *Cinco Dias no Umbral*, eu o convido a descobrir tudo o que acontece nas regiões de sofrimento, conhecidas como Umbral, através das obras: *Cinco Dias no Umbral, Cinco Dias no Umbral – O Resgate, Cinco Dias no Umbral – O Perdão e, por fim, Cinco dias no Umbral – O Limite.*

Na leitura dessas obras, você conhecerá intimamente quem é a mentora que nos traz agora informações preciosíssimas sobre o que nos acontece na vida após o desenlace carnal.

Ao perceber a presença de Nina, me sentei a cama e começamos um diálogo.

– Bom dia, Osmar!

– Bom dia, Nina! Que bom ter você aqui logo cedo!

– Acho que já está um pouco tarde. Você não acha?

Naquele momento, olhei para o relógio em minha cabeceira e percebi que realmente estava um pouco tarde, para quem acorda muito cedo todos os dias. Eram 8h40.

– Desculpe, Nina. É que essa noite eu não dormi muito bem.

– O que houve?

– Não sei… Tive uma noite perturbada.

– Perturbada? Como assim? Conte para mim.

– Às vezes, me deito e durmo rápido, mas essa noite parece que não dormi… É estranho quando acontece isso. É uma sensação estranha, sabe?

– Estranha?

– Parece que a noite teve poucas horas. É como se eu tivesse me deitado ainda há pouco e acabei de me levantar…

– Sabe por que isso acontece?

– Não faço a menor ideia, Nina.

– É quando vocês são convidados à tarefa espiritual, e ela é muito especial para você.

– Tarefa espiritual? Como assim?

– Olhe, Osmar, você está ligado a muitos espíritos. Suas relações espirituais não são somente desta encarnação. Há muitos espíritos ligados a você, desde muito tempo. Esses espíritos conviveram e expiaram ao seu lado em outras oportunidades encarnatórias que teve, e os laços criados entre vocês não se romperam pelo fato de você estar neste momento encarnado. Alguns desses amigos espirituais até estão encarnados, assim como você, mas a maioria dos espíritos ligados a você de alguma forma estão desencarnados, habitando os planos espirituais. Às vezes, durante o repouso necessário do corpo físico, o espírito se dedica ao trabalho nas cidades espirituais, e essa sensação é natural.

"Os laços que unem os espíritos, Osmar, são afetivos. Somente laços de amor nos unem eternamente. Embora possa haver outros tipos de ligações espirituais, ou laços de união entre os espíritos, o mais importante realmente são as ligações afetivas, e elas não se desfazem pelo fato de você estar encarnado ou desencarnado. Quando você, durante o sono do corpo físico, tem a oportunidade de vir à vida espiritual e reencontrar algum desses espíritos, pessoas com quem você tem fortes laços sentimentais e das quais sente muita saudade, isso acontece. Parece que você não dormiu, não é?"

– Exatamente. Mas como são criados esses laços, Nina?

– Os laços afetivos são criados durante as múltiplas encarnações, sendo pai, mãe, esposa, marido, filho, filha, avô, avó... Enfim, todas as vezes que encarnar, você irá encarnar ao lado de espíritos afins, seja para a evolução juntos, seja para o reparo de débitos pretéritos. Assim, Osmar, os laços afetivos se tornam cada vez mais fortes, intensificando-se e aperfeiçoando-se.

– Que legal! Isso é muito interessante.

– O outro tipo de ligação espiritual são as ligações missionárias ou de interesse mútuo. É bom que você saiba.

– Agora complicou.

– O que complicou?

– Interesses? Missionárias? Como assim?

– As ligações missionárias são aquelas nas quais os espíritos se unem para, juntos, auxiliar outros tantos irmãos em evolução, como é o caso que eu e você estamos experimentando neste momento.

– Peraí, me explique isso. Você está ligada a mim?

– Sim, nós combinamos que você iria encarnar e ser médium, e, através da sua mediunidade, iríamos levar informações evolutivas a muitos irmãos necessitados de esclarecimento.

– Quer dizer que combinamos isso?

– Sim. Não existem acasos... Estamos ligados a você pela missão que escolhemos juntos realizar. Assim, você encarnou e nós estamos ao seu lado para cumprirmos juntos nossos propósitos evolutivos, pois nosso trabalho nos traz retornos evolutivos, recompensas. Você ganha, e nós também...

– Quer dizer que encarnei como médium para fazer o que faço, é isso?

– Exatamente. Por que você está assustado assim?

– Não, não é susto. Eu sei que tudo o que vivo nesta encarnação ao lado de vocês não é um acaso. Mas eu gostaria de saber, se for possível, é claro, se estou indo bem, Nina?

– Sim, podemos dizer que satisfatoriamente.

– Posso melhorar?

– Sempre podemos melhorar um pouco.

– E você pode me dizer o que devo fazer para melhorar?

– Seja justo, honesto e bom...

Naquele momento, as lágrimas visitaram meus olhos, por serem essas as palavras ditas pela minha mãe quando a encontrei na vida espiritual, fato que relatarei neste livro para vocês. Encostei-me na cama como se fosse cair, tamanha foi a emoção que me visitou naquele momento.

– Por que você está chorando?

– Essas foram as palavras ditas pela minha mãe quando eu a encontrei após meu acidente, que transformou totalmente a minha vida há alguns anos.

– São essas as ligações de amor que não se perdem simplesmente pelo fato de um espírito estar encarnado e o outro estar na vida espiritual. Estamos ligados pela eternidade, Osmar.

– Eu e você?

– Eu, você, sua mãe e tantos outros espíritos, como lhe disse.

– Meu deus, Nina, que bom saber disso!

– Tenho que lhe falar sobre os interesses mútuos, ou interesses comuns aos espíritos. Posso fazê-lo agora?

– Sim. Você disse que esse é mais um tipo de ligação espiritual.

– Quando chegar à vida espiritual e lhe for permitido, por merecimento, permanecer nas cidades espirituais, logo você desejará evoluir um pouco mais. E, ao desejar sua evolução pessoal, precisará da ajuda daqueles que se encontram mais evoluídos que você e que estão mais habituados aos trabalhos na Espiritualidade.

"É nessa hora que os espíritos se agrupam para, juntos, evoluir por interesses comuns, pois as cidades espirituais, os planos transitórios, os hospitais espirituais, os postos de socorro e tudo o que existe do outro lado da vida terrena precisa de trabalhadores. Sendo assim, é trabalhando ao lado de outros espíritos que você conquistará bônus que lhe proporcionarão evoluir."

– Por isso vocês dizem que ninguém fica na vida espiritual sem atividade evolutiva.

– Não é de interesse dos espíritos que aqui chegam permanecer estacionados evolutivamente, pois é evoluindo que poderemos visitar dimensões superiores, onde podem estar aqueles que tanto amamos nesta ou em outras vidas e que evoluíram mais que nós.

– Isso é inteligentíssimo.

– É a Criação Divina, Osmar.

– Como não crer no óbvio, meu Deus?!

– Tudo aqui precisa de espíritos para se manter em atividade. Deus não é nosso empregado. Ele é o patrão.

– Igual aqui, Nina.

– Os planos se assemelham, como informamos a vocês por muito tempo.

– Quer dizer que o plano espiritual pode ser comparado a uma grande empresa que precisa de trabalhadores para continuar progredindo?

– Pode, sim, Osmar. E eu vou aproveitar a sua colocação para lhe mostrar como é realmente muito parecida a vida espiritual com a vida terrena. Preste atenção.

– Vamos lá.

– Se você procura um emprego em uma grande indústria ou em uma grande empresa, mas não tem nenhuma qualificação profissional para exercer qualquer cargo, por onde você começa?

– Normalmente se começa por baixo, como mensageiro, *office boy* ou servente. Cargos que, embora sejam muito importantes para qualquer empresa, refletem que o funcionário é menos qualificado.

– Pois bem. Aqui não é diferente. Osmar, se deseja crescer na empresa em que foi contratado, o que você precisa fazer?

– Estudar, me esforçar, aprender tudo sobre a empresa, fazer cursos, imersões, seminários, enfim, me dedicar para poder crescer na empresa.

– Aqui não é diferente. Quando o espírito desencarna, ele se vê diante de sua realidade espiritual e das verdades que negou conhecer durante a encarnação.

"Nós, que vivemos nas cidades espirituais e já entendemos o que somos realmente, estamos conscientes do que queremos. Assim, percebemos que podemos fazer muita coisa para evoluir ainda mais. Amparando e auxiliando nossos irmãos, trabalhando pela evolução de todos os espíritos e nos aprofundando e estudando as tarefas evolutivas, vamos conquistando nosso espaço.

"Quando você acorda na vida espiritual e percebe que pode crescer e conquistar muitas coisas, logo quer se dedicar, estudar e melhorar para evoluir. Ninguém vira diretor de uma empresa porque é bonito, inteligente ou simpático. Só se vira diretor de uma empresa dedicando-se ao estudo, estando formado, sendo profundo conhecedor da empresa, mostrando ser dedicado, esforçado e qualificado para ocupar a direção de algo tão grandioso e importante.

"O que todos vocês definitivamente precisam se conscientizar é que aqui reflete-se tudo o que vivem aí...

"Essa é a decisão mais inteligente da Criação. Você não será surpreendido em nada, inclusive sobre a vida não terminar pelo fato de seu corpo ter entrado em colapso, vindo a perder a utilidade, pois estamos entre vocês há muito tempo avisando: você não morrerá. Existe vida após a encarnação, e isso não é uma utopia. Todos vocês deveriam se preocupar com o futuro espiritual. Todos deveriam estudar e investir na continuidade da vida, pois, diante de seus olhos, o que digo agora se tornará realidade algum dia.

“Quando você chegar aqui, logo perceberá que desperdiçou muito tempo se dedicando a coisas que não valeram a pena para sua evolução. Por isso é que todos que vivem nas cidades espirituais estão focados em auxiliar aqueles que chegam descrentes da vida após a morte do corpo físico.

“Após lhes conscientizar, auxiliamos nossos irmãos a seguirem em frente, pois nada aqui fica estacionado. Nenhum espírito se conforma em ser simplesmente um funcionário que não deseja a ascensão nessa grande empresa chamada evolução.”

– Como é bom aprender e saber tudo isso, Nina.

– Então, se você quer crescer em uma empresa aí, você precisa se dedicar. E, se você quer se tornar um espírito melhor aqui, você precisa se modificar. Simples assim…

– Sabe, Nina, embora eu esteja totalmente conscientizado do que sou, que jamais deixarei de existir e que minha tarefa não é tão simples como parece, às vezes meu trabalho me desanima.

– Por quê?

– Porque, embora eu saiba que é muito difícil as pessoas acreditarem em tudo isso que escrevemos, eu vivo isso tudo e não tenho como fugir do que vocês me apresentam. Costumo dizer que minha mediunidade me aprisiona, pois não posso viver uma vida normal.

– O que seria uma vida normal, Osmar?

– Ah, viver como as pessoas do meu convívio. Elas são livres, Nina. Fazem o que querem. Não estão tão preocupadas assim com a evolução espiritual.

– Cada espírito está em uma estação evolutiva e será recebido aqui de acordo com aquilo que crê e realiza, Osmar.

"Faça a sua parte. Se alguns não se interessarem por sua escrita ou por aquilo que você acredita e faz na casa espírita, não se preocupe, pois todos um dia despertarão para suas realidades espirituais. E nesse dia, Osmar, você será lembrado.

"Tenha em mente que, se você não estivesse fazendo o seu trabalho, haveria um vazio, que nós não conseguiríamos preencher sem sua dedicação e amor ao que faz. Por isso o aconselho, não se importe com o que os outros irão pensar ou dizer de você. Faça o que o seu coração diz, por ser nele que está a vontade de Deus. Todos que seguem o que ouvem sair do coração são aceitos nas esferas superiores. Excelente conquista para um espírito em evolução, meu amigo..."

– Por vezes, eu me sinto como um peixe fora d'água, Nina.

– Mas, se o peixe não se mostrar, como saberão da sua existência?

– Eu entendo, mas não é fácil.

– Não é fácil para nenhum espírito que está em evolução para se aperfeiçoar e que tenha assumido o compromisso que você assumiu. Como disse, ouça seus amigos espirituais e seu coração.

– Obrigado por suas palavras, Nina. Elas me confortam e me impulsionam a seguir em frente.

– Nós é que agradecemos por você nos permitir levar essas mensagens aos nossos irmãos. Há muitas pessoas necessitadas daquilo que escrevemos através da sua mediunidade.

– Acho que a parte mais difícil de uma missão mediúnica é a ingratidão, Nina.

– Você não é o primeiro nem será o último a sofrer com a ingratidão das pessoas.

– É, eu sei, mas dói.

– Por que dói?

– Porque criamos laços de amor com nossos companheiros de vida e, de repente, como se não valêssemos um centavo, essas pessoas nos descartam, como um papel velho onde não se pode mais escrever.

– O que dizer dos apóstolos que negaram o Senhor antes de sua crucificação?!

– É verdade, Nina. Quem sou eu para reclamar de ingratidão...

– Eles o negaram mesmo após ver os milagres que Ele fez diante de seus olhos. Então, não sinta a dor da ingratidão. Deixe essa dor para os que são ingratos com você, pois um dia toda a verdade lhes será revelada, e será nessa hora que será glorificado por todo esforço e amor dedicado ao outro.

– Não tenho a intenção de ser glorificado, Nina.

– Mas Deus entrega aos Seus os méritos da luta e desfaz a covardia aplicada aos justos.

– Meu Deus, me perdoe…

– Ele te ama e é justo, verdadeiro e bom!

– Sei que um dia tudo me será revelado, mas confesso que, às vezes, a ansiedade por esse encontro toma conta de mim.

– Osmar, eu posso lhe fazer uma pergunta?

– Claro, Nina. Meu Deus…

– Você tem medo da morte?

– Acho que não, mas não gostaria de ir agora.

– Por quê?

– Porque tenho filhos, netos, esposa, amigos… Enfim, eu gostaria de ficar um pouco mais ao lado deles.

– O que seria um pouco mais?

– Não sei. Alguns anos a mais.

– Pois é. Vocês vivem dizendo que não querem morrer, que querem ficar um pouco mais, mas o quanto é esse pouco mais?

– Ver os filhos crescerem, os netos...

– Depois dos netos vêm os bisnetos. Depois, outros netos... Você vai poder acompanhar todos eles estando na vida espiritual. Claro, isso dependerá de seus merecimentos. Tudo aqui é merecimento. Faça por onde, e colherá as vitórias do pós-encarnação.

"É incrível como vocês acreditam na morte... Vocês precisam se desprender da vida material e se conscientizar já de que a vida não termina com uma aventura terrena somente e estar ao lado daqueles que mais amam só depende de vocês mesmos. Só depende do que vocês estão fazendo agora...

"Se realmente ama muito os espíritos que estão na atual encarnação com você, comece agora a planejar sua continuidade espiritual, porque ela é real. Ela vai acontecer. A continuidade da existência após a encarnação atual em que vive não é uma utopia. Ela é uma realidade que todos os espíritos experimentam. Evolua imediatamente."

– Meu Deus, o que devo fazer, Nina?

– Como disse, evolua imediatamente. Aprimore seu intelecto, porque você vai precisar de todos os conhecimentos adquiridos nas experiências corpóreas para que continue evoluindo e aprimorando-se na continuidade espiritual. Suas conquistas são o que lhe permitirão acompanhar todos que você tanto ama, mesmo estando desencarnado. Para que tenha livre acesso a todos aqueles que estão ligados a você durante todas as suas vivências terrenas, só depende das suas conquistas espirituais atuais. Não são as conquistas terrenas que o qualificarão para poder visitar aqueles que você tanto ama e permanecer ao lado deles após o seu desenlace. As conquistas materiais são méritos permitidos pelo Pai para que tenha em mãos os mecanismos necessários às suas experiências terrenas, dando oportunidade à evolução pessoal. Lembre-se de que tudo o que tem na vida material é material, e nela ficará.

– Como é bom poder escrever isso.

– Alegre-se. Há vida após a encarnação. Pare imediatamente de sofrer por aquilo que você não conhece. Aliás, não existem vidas... O que existe é a vida soprada pelo Criador nas narinas espirituais, e ela não se divide. Você tem uma vida eterna. Aproveite-a o máximo possível.

– Eu não tenho dúvidas disso, Nina. Não tenho nenhuma dúvida de que a vida continua.

– Osmar, "se você tem medo da morte, não tenha medo da vida".

– Nossa, que frase, Nina!

– Viva intensamente cada segundo e aproveite ao máximo todas as oportunidades evolutivas que se apresentarem à sua frente, porque a vida não termina com as experiências terrenas. Logo se conscientizará de que você é muito mais do que imagina. Quando isso acontecer, uma nova realidade se descortinará à sua frente, e você agradecerá muito por ter tido a oportunidade de passar sua mente e seus olhos sobre estas linhas.

– Sou eternamente grato por ser portador destas palavras, Nina. Espero sinceramente que elas auxiliem inúmeras pessoas a se conscientizarem do que são em essência e a serem mais felizes.

– Então, escreva, Osmar.

– Isso eu já aprendi, Nina. Posso lhe falar uma coisa?

– Sim, claro.

– Digo para todas as pessoas que encontro em meu caminho que precisamos crer que Deus nos ama intensamente e que, por nos amar tanto, Ele jamais nos deixaria morrer.

– Isso, continue sua pregação. Deixe suas palavras e seu conhecimento espiritual em todos os lugares que passar. Não utilize sua mediunidade para outros fins que não sejam o de fazer o bem, orientar, auxiliar, amparar, amar a todos sem distinção, por ser para isso que está encarnado. É a encarnação a oportunidade perfeita para aperfeiçoar os espíritos.

– Tenho certeza disso, Nina.

– Seja justo, honesto e bom, Osmar.

– Não me faça chorar novamente, Nina.

– Só vivendo uma vida moralmente justa e cheia de amor é que o espírito evolui satisfatoriamente. Vocês precisam aprender e conhecer o significado do amor.

– Como assim, Nina?

– Jesus não pediu que se amasse; Ele decretou o amor. O amor, Osmar, não é um sentimento. O amor é uma Lei, a Lei Maior.

– Meu Deus...

– Sim, Ele mesmo. O amor é um mandamento de Deus, e não um sentimento. Não confundam as coisas.

– Mas eu sinto o amor.

– Até que ele seja testado, você acha que sente o amor. É egoísmo pensar assim...

– Por que egoísmo, Nina?

– Porque o que diz ser amor aprisiona, ensoberbece e lamenta. Quem ama de verdade liberta, deixa ir e fica feliz com a ausência.

"Não se trata amor com choro, saudade e lamentação. O amor é o que une os espíritos e os impulsiona à evolução.

"Quando o que você diz amar lhe faltar presença física, agradeça pelas conquistas espirituais que esse espírito alcançou e também pela distância temporária. Sorria e rogue a Deus que seu amado, ou amada, seja feliz ao extremo onde estiver. Isso é amar! O resto é egoísmo.

"Osmar, Jesus disse: 'Amai-vos como eu vos amei'. Isso é um mandamento, e não um pedido. Não são palavras soltas. É a vontade do nosso Pai, que nos guarda em Seus sentimentos mais profundos."

– Não sei como nunca pensei nisso...

– A maioria de vocês enxerga o amor como um sentimento humano e carnal. Mas ele não é um sentimento. O amor, Osmar, é um decreto de Deus, uma Lei, uma ordem superior, o principal mandamento.

– Gratidão, Nina, por tanta sabedoria e amor para conosco. Precisamos realmente estudar e aprender com vocês os significados existenciais.

– Essa é a missão dos espíritos. Estamos no Universo para auxiliá-los.

– Posso lhe perguntar uma coisa que não tem nada a ver com a nossa conversa?

– Claro que sim, mesmo porque o que você acha ser um acaso normalmente somos nós influenciando seus pensamentos, sugestionando a pergunta.

– Sei que os espíritos interferem muito em tudo o que pensamos e fazemos.

– Faça a sua pergunta.

– A Michelle, minha esposa, estava conversando comigo e me perguntou: "Osmar, por que é que só se escreve sobre fatos depois da morte mostrando o que nos acontece de ruim?". Pedi para ela me explicar melhor, e ela disse: "Eu só vejo livros que relatam as consequências da vida após a morte, e nunca os benefícios da vida após a morte".

– O que ela quer saber, Osmar? – perguntou a mentora.

– Na verdade, Nina, ela quer um livro que explique os benefícios da vida após a morte. Eu acho que é isso que ela quis dizer quando me fez essa pergunta. Nem sei por que estou falando sobre isso com você, mas a Michelle a admira tanto, que eu gostaria de escrever algo sobre a vida depois da morte do corpo físico, na vida espiritual, entende?

– Posso lhe dizer uma coisa?

– Claro, Nina.

– Acho interessante que possamos escrever como é a vida após a morte, coletivamente. Não é isso que ela quer?

– Sim, Nina, é isso mesmo. Acho que ela quer saber como é a vida coletiva nas cidades espirituais.

– Pois quero lhe fazer um convite.

– Sou seu lápis, Nina.

– Quero que você conheça a continuidade da vida após o desenlace carnal e relate para todos o quão belo é o amor que nosso Pai tem por todos os Seus filhos. Quero que você escreva que a vida sempre é de aprendizado, seja encarnado ou desencarnado. Se quiser, podemos começar a escrever agora mesmo.

– Vou para o escritório e a encontro lá, pode ser?

– Sim, nos encontramos lá – disse a mentora.

– Obrigado, Nina.

– Até já.

– Até.

Naquele momento, me levantei, fui até a cozinha para o meu desjejum e, após a minha prece matinal, me dirigi ao meu escritório, onde faço todas as psicografias.

O dia estava chuvoso e o convite da mentora Nina é sempre algo irrecusável.

Ansioso por mais um livro, me arrumei e corri para o encontro.

Sou muitíssimo grato a Deus pela minha vida, pois tenho muitas oportunidades evolutivas. Aproveito ao máximo cada uma delas, para poder levar a todos os ensinamentos que recebo da vida espiritual.

Não faz nenhum sentido a vida sem uma continuidade. Ele não seria Deus se nos destinasse à morte eterna.

Ele não seria perfeito e amoroso se permitisse que Seus amados filhos, feitos em Sua semelhança, queimassem nas chamas ardentes do inferno.

Como me disse uma vez Nina Brestonini, "o céu e o inferno são portáteis. Carregamos em nós o que melhor nos condiz..."

Fiquei muito ansioso e feliz em poder atender a um pedido da Michelle, que sempre é minha companheira e merece um livro dedicado a ela.

A princípio, achei estranho a Nina concordar, mas ela sabe muito mais que eu sobre o que devemos escrever.

Vamos à psicografia.

Seja bem-vindo ao livro *O Outro Lado da Vida.*

"

Ontem é história. O amanhã, uma possibilidade.
Por isso, viva o hoje intensamente,
pois essa é a sua realidade.

"

Osmar Barbosa

O Desdobramento

Como vocês sabem, meus leitores e amigos, todos os livros que escrevo, faço-o em desdobramento. Então, para você que chegou aqui pela primeira vez, vale a pena explicar um pouco sobre esse tipo de fenômeno, por ser dessa forma que me conecto com os meus mentores e psicografo todas as obras já publicadas – e outras que ainda chegarão até vocês.

Na minha infância, eu tinha muitas dificuldades para entender os fenômenos que frequentemente aconteciam comigo. Eu via espíritos constantemente, conversava com eles, brincava com alguns e, por muitas vezes, fugia de outros, pois suas aparências me assustavam – eles eram horripilantes. Eu era apenas uma criança e não conseguia compreender muito bem por que isso acontecia comigo.

Com o passar do tempo, comecei a ouvir mais os meus amigos espirituais. Eles passaram a me orientar. Foi aí que compreendi o fenômeno do desdobramento. Eu me sinto privilegiado, embora a mediunidade não seja um privilégio, mas uma missão a ser cumprida.

Um dia desses, perguntei ao Lucas se a mediunidade é uma doença. Ele me disse que a mediunidade não é uma doença, mas que, em alguns casos, pode adoecer. Então, questionei:

– Em que casos, Lucas?

– A mediunidade pode causar doença quando mal exercida, não exercida ou desprezada.

Os espíritos me dizem que a "mediunidade é um dom divino, que divinamente devemos exercer". Por isso, sempre aconselho as pessoas a estudarem muito, estabelecerem logo a sua conexão espiritual corretamente e extraírem dela os benefícios do serviço no bem.

"Tudo o que entregamos ao Universo, ele nos devolve em igual porção."

Em termos espíritas, o desdobramento é uma faculdade anímica na qual o espírito encarnado se desliga parcialmente do corpo físico e viaja até os planos espirituais. Esse processo pode ocorrer com ou sem um transe. É uma capacidade intrínseca ao ser humano, que, ao longo da evolução da espécie, desenvolveu a possibilidade de se desembaraçar do corpo material dentro de certos limites, adquirindo alguma sensação de liberdade.

A faculdade de desdobramento é muito utilizada nas reuniões mediúnicas modernas. Através da concentração dos pensamentos, o sensitivo entra em uma espécie de transe, que possibilita esse desprendimento parcial do espírito, e se coloca em condições de exercer tarefas de auxílio, sendo geralmente orientado pelos espíritos instrutores.

Dessa forma, muitas vezes ele é colocado em contato com espíritos sofredores, os quais necessitam de uma palavra amiga e consoladora, ou mesmo de um tratamento através das energias do sensitivo. Essas suas energias têm uma densidade adequada a esse tipo de atendimento pela sua condição de encarnado, assim como para escrever livros e mensagens de amigos do plano maior.

Apesar de muitos se referirem ao desdobramento como mediunidade, na verdade ele é um fenômeno anímico que antecede o transe mediúnico em todas as relações do exercício da mediunidade. Para usar o linguajar de classificação proposto por Allan Kardec, é um fenômeno de emancipação da alma.

A mediunidade consiste numa intermediação entre os espíritos desencarnados e o mundo material. Desdobrar-se, a grosso modo, significa "sair do corpo". Esse simples fato não o torna médium se você não se constitui em transmissor de qualquer informação enviada do plano espiritual para o ambiente terreno.

O desdobramento pode ser considerado uma espécie de mediunidade quando, durante o desprendimento, o sensitivo mantém um contato com a Espiritualidade, recebendo de lá comunicações que devem ser enviadas aos encarnados. Esse é o meu caso.

O desdobramento não ocorre apenas nas reuniões mediúnicas. Ele é um fenômeno corriqueiro e acontece com as pessoas em geral sempre que dormem. É o preâmbulo do sono. Quando o corpo adormece para o necessário repouso, o espírito, parcialmente desligado do corpo, vai a diversos lugares para realizar as atividades que estejam em afinidade com as suas motivações íntimas. Para entrarmos no estado de sono, antes temos que nos desdobrar, ou seja, afastar-nos vibratoriamente do corpo biológico.

A mediunidade – seja na modalidade de psicofonia, psicografia, audiência, vidência, desenho, pintura etc. – também exige um desdobramento.

Em seu organismo, o médium tem a facilidade de, ao entrar em estado de transe, desvencilhar-se do seu corpo em maior ou menor grau, conforme as características de sua faculdade mediúnica. Isso ocorre a fim de dar, ao espírito comunicante, a oportunidade de se assenhorear, o que é feito mediante uma expansão dada ao seu perispírito dos implementos perispirituais e, na sequência, cerebrais do médium.

O sonambulismo, bem como a dupla vista, a letargia, a catalepsia e o êxtase são classificados por Allan Kardec como fenômenos de emancipação da alma, tendo o desdobramento como condição para acontecerem. Às vezes, como na dupla vista, esse deslocamento do espírito (sempre com o perispírito) é imperceptível, mas suficiente para fazê-lo enxergar além da realidade física presente.

Há outras situações em que o desdobramento ocorre: no coma, durante o uso de algumas drogas alucinógenas, em certos estados psíquicos classificados como catatonia e em outros casos em que há um alheamento em relação ao meio externo.

Deus, em Sua sabedoria e bondade, concedeu ao homem a capacidade de, vez ou outra, retemperar-se no mundo espiritual através da faculdade do desdobramento. Assim, o homem recobra parte das suas faculdades de espírito, como se estivesse descansando da rudeza da vida na matéria e absorvendo energias mais sutis, necessárias ao seu refazimento para continuar o aprendizado aqui na Terra.

Vivendo no ambiente terreno em meio às dificuldades e aos desafios diários, imerso na atmosfera densa da matéria, o homem pode se aliviar dessas lutas desacoplando-se temporariamente do organismo físico. Com isso, ele retorna ao mundo espiritual e tem contato com espíritos esclarecidos que o orientam, direcionando-se melhor no caminho do progresso.

Eu sou eternamente grato por ter essa condição e, através dela, trazer as informações que trago nas obras psicografadas. Confesso que, por vezes, sinto-me realmente como um lápis nas mãos dos espíritos. Acho muito gratificante ler as mensagens de gratidão que recebo todos os dias dos meus leitores por ser o mensageiro que instrui e esclarece muitas pessoas sobre o que realmente acontece conosco na vida após a vida.

Nesta obra, eu tive momentos muito difíceis, pois os lugares que visitei são de muito sofrimento, e ver sofrimento não me deixa feliz.

Sempre devemos dedicar nossa mediunidade ou nossos dons oferecidos pelos mestres de luz para sermos úteis à sociedade em geral e, dessa forma, cumprirmos nossos propósitos encarnatórios.

Eu acredito, sinceramente, que tudo o que passo na vida tem objetivos evolutivos. O fato de eu ser médium não me qualifica para não passar por situações às vezes revoltantes, mas são as experiências de encarnado que me possibilitam evoluir.

Venha comigo e com a Nina vivenciar uma experiência única, a qual certamente lhe trará outro olhar sobre a vida dos espíritos e sobre como você está dirigindo sua encarnação.

Voltemos ao livro...

"

Em cada acontecimento da nossa vida, há uma mensagem que precisamos ouvir e aprender para podermos nos tornar melhores e viver melhor na vida espiritual.

"

Osmar Barbosa

EQM – Você já Ouviu Falar?

Eu decidi escrever sobre a experiência de quase morte (EQM) porque tenho um lindo e emocionante relato a fazer e acho muito importante abrir meu coração para todos vocês neste livro.

Em todas as psicografias que faço, levo um pouco das experiências instrutivas que recebo diariamente, e nesta psicografia não seria diferente.

Vamos entender o que é a experiência de quase morte? Compartilho a seguir um artigo muito interessante sobre o tema.

O que viram e sentiram os que estiveram no limiar da morte?

Pessoas consideradas clinicamente mortas por alguns minutos afirmam, após se recuperar, ter sido transportadas para outra dimensão da existência.

O assunto, classificado como experiência de quase morte (EQM), intriga o ser humano desde tempos imemoriais, sendo objeto de pesquisa do psiquiatra, psicólogo, parapsicólogo e filósofo norte-americano Raymond Moody Jr. há mais de quatro décadas.

O médico já entrevistou milhares de indivíduos – entre estes pacientes em estágio terminal em razão do câncer, da aids ou de outras doenças graves e aqueles que estiveram em coma devido a acidente ou tentativa de suicídio – em várias partes do mundo, tendo identificado nos inúmeros relatos colhidos muitas semelhanças, mesmo em diferentes culturas e classes sociais. Todos com quem ele conversou narraram situações análogas às de um estado espiritual de consciência.

O Fórum Mundial Espírito e Ciência, da LBV, com suas atividades permanentes, tem fraternalmente reunido, desde 2000, especialistas das diversas áreas da sociedade para tratar desses assuntos de relevância, a exemplo da morte e da vida após ela. Como afirma seu criador, Paiva Netto: "Cizânia, radicalismos, hostilidades de todos os matizes devem permanecer afastados dos debates e das proposições religiosas, filosóficas, políticas, científicas, econômicas, artísticas, esportivas e o que mais o seja, pois o ser humano nasce na Terra para viver em sociedade, Sociedade Solidária Altruística Ecumênica".

Por isso, este artigo apresenta os principais trechos da entrevista exclusiva que o Dr. Moody concedeu à *Super Rede Boa Vontade de Comunicação* (rádio, TV, publicações e internet), na qual destacou o que tem observado ao longo desses anos de estudo acerca da EQM, bem como avaliou questões investigativas, éticas e de transformação existencial. Vale a pena ler a matéria e meditar sobre o tema, cujo conhecimento é de grande valor para toda a humanidade.

DEFINIÇÃO DE EQM

Dr. Raymond Moody Jr. – Experiência de quase morte é uma forma de consciência transcendental ou um estado alternativo de consciência que acomete o indivíduo que se encontra em um estado fisiológico extremo. O coração pode parar, e a respiração também, mas, mesmo assim, do ponto de vista desse indivíduo, ele entra num estado muito profundo de consciência transcendental.

O QUE AS PESSOAS REVELAM AO VOLTAR DESSE ESTADO

Dr. Moody – Elas deixam o corpo físico, passam por um túnel e entram em uma dimensão sobre a qual todas – não importa quão articuladas e educadas sejam – dizem que simplesmente não existem palavras para descrever a sensação [do que sucede nela], pois isso está além do que pode ser expresso pela linguagem. Entram em uma dimensão que é muito mais real que a física, na qual estamos agora; percebem uma luz que traz muito conforto, alegria e amor; e encontram parentes ou amigos que morreram e que parecem estar lá para recebê-las, saudá-las e ajudá-las durante a transição.

Ao retornarem, contam que, em um instante, veem tudo que fizeram em um tipo de holograma e recapitulam cada ato de sua vida, não do ponto de vista que tinham quando aquela ação ocorreu. Em vez disso, elas se identificam empaticamente com quem interagiram naquele momento.

Assim, caso se vejam realizando algo maldoso a alguém, sentem tristeza. Quando é algo gentil, vivenciam os bons sentimentos do que fizeram. Então, voltam dizendo que não têm mais medo da morte, porque a experiência que tiveram as convenceu de que o que chamamos de morte é uma transição para outra realidade, e que o importante nesta vida é aprender a amar.

¬Já viajei por todos os continentes, exceto pela Antártida, e em todos os lugares ouço o mesmo tipo de história.

O médico norte-americano Raymond Moody Jr. é o criador da expressão "experiência de quase morte". Em 1975, ele consagrou a sigla EQM ao lançar seu primeiro livro, Vida depois da vida, no qual traz cem relatos de indivíduos que passaram por morte clínica. A obra tornou-se best-seller internacional, com mais de 13 milhões de exemplares vendidos.

DEPOIS DO FENÔMENO, O QUE MUDA?

Dr. Moody – É comum que muitas pessoas que tiveram uma EQM nos contem, quando retornam, que a relação delas com a religião se tornou menos restrita a uma denominação doutrinária específica. Em outras palavras, elas nos dizem que a experiência lhes ensinou que todas as grandes religiões têm uma abordagem interessante do assunto. De forma geral, essas pessoas declaram que se aproximam de descrições mais holísticas. Voltam dessa experiência e afirmam: "Sim, existe uma dimensão espiritual". Não importa exatamente qual ideologia religiosa elas tenham.

SOBRE O SER DE LUZ QUE APARECE NAS EQMs

Dr. Moody – Pessoas de todo o mundo relatam que, frequentemente, a retrospectiva de sua vida ocorre na companhia de um ser de luz, dotado de total compaixão e amor, que as ajuda durante esse processo, chama a atenção delas para determinados aspectos e as auxilia a entendê-los. Cristãos tendem a enunciar que é Cristo. Judeus afirmam ser Deus ou um anjo. Estive na Índia, e lá muita gente me disse que esse ser era a luz da compaixão. Às vezes, as pessoas definem esse ser de acordo com seu contexto cultural, mas a descrição dele parece similar em todo o planeta.

RELAÇÃO ENTRE TEMPO E DURAÇÃO DE UMA EQM

Dr. Moody – Talvez não seja correto falar em duração de uma EQM, porque as pessoas revelam que, assim que entram nesse estado, o tempo desaparece. Uma mulher afirmou: "Raymond, você pode dizer que minha experiência durou um segundo ou dez mil anos. Não faz a menor diferença." Portanto, o tempo não é um fator, exceto quando [as pessoas] narram a experiência, [caso em que] elas precisam de uma referência temporal, porque a linguagem é sequencial.

Agora, uma coisa podemos assegurar: quanto mais durar a parada cardíaca de uma pessoa, mais envolvente e complexa se tornará, aparentemente, a EQM. Por exemplo, alguém que teve uma parada cardíaca momentânea conseguirá contar apenas um, dois ou três detalhes, como "saí do meu corpo e comecei a passar por um túnel", enquanto os que tiveram uma parada cardíaca mais demorada poderão revelar cinco, seis ou sete pontos comuns.

Os que sofrem paradas cardíacas incrivelmente longas (...) nos relatarão, normalmente, histórias mais complexas. Podemos dizer que a duração da EQM é possível de ser medida mais pelo aspecto da complexidade do que pelo do tempo.

EVIDÊNCIAS CIENTÍFICAS E NOVOS MEIOS DE INVESTIGAÇÃO

Dr. Moody – Até este momento, a noção de que existe vida após a morte não é cientificamente válida ou inválida, mas isso não quer dizer que não seja relevante. (...) A questão de como verificar uma experiência transcendental ainda é muito vaga.

Você quer saber se vejo maneiras de fazer isso no futuro? Sim, vejo. Acho que teremos de expandir nossa lógica. Talvez a objeção mais séria levantada contra a tese da vida após a morte seja a de que [essa tese] é ininteligível. Acredito muito que podemos trabalhar nela daqui em diante, pois o fato de algo ser ininteligível não é mais obstáculo para a investigação racional.

É preciso um novo sistema de lógica que nos permita refletir acerca de coisas que até agora não fazem sentido. Nessas condições, encontraremos aspectos de nossa mente que não sabíamos que tínhamos. A mente tem capacidade plena para computar coisas ininteligíveis ou pensar sobre elas de forma racional, coerente e lógica.

SEM MEDO DA MORTE

Dr. Moody – Pessoas que vivenciaram uma EQM afirmam sempre que não têm [mais] medo da morte. Para aqueles que estão com saudade de seus entes queridos que morreram, elas dizem que nós os veremos novamente. (...) Essas experiências confortam quem está passando pelo luto. Eu já vi isso repetidas vezes, desde a primeira vez que comecei a falar sobre o assunto em público, em 1970. (...) O episódio que chamamos de vida é somente uma pequena parte de algo bem maior.

No instante da morte, nossa consciência é, de alguma maneira, transmitida para um estado de realidade maior e mais inclusivo. O objetivo disso parece ser, de algum modo, algo que achamos muito difícil de conceituar no estado em que nos encontramos agora, [algo] que faz parte de um progresso.

Ouço pessoas dizerem que o desenvolvimento de nossa alma e de nossa vida continua em outra dimensão da realidade após o evento que chamamos de morte.

EQMs E SUICÍDIO

Dr. Moody – Já foram realizados estudos que indicam que o conhecimento sobre EQMs tende a diminuir a ide-

---

*Artigo tirado da internet.

ação suicida. Sabemos de indivíduos que tiveram EQM como resultado de uma tentativa de suicídio.

Eles nos disseram que nunca mais tentarão matar-se, [pois] aprenderam com a experiência que, mesmo quando os tempos são difíceis, a vida tem um propósito.

Também nos contaram que perceberam que, caso a tentativa de suicídio tivesse dado certo, precisariam ver a tristeza e a dor que aquela ação causaria nas pessoas queridas, as quais deixariam para trás.

"*Se a vida se resumisse em uma só vida, não faria sentido a existência de Deus e, muito menos, da vida!*"

Osmar Barbosa

Minha Experiência de Quase Morte (EQM)

Como pudemos ler no texto anterior, aqueles que passam pela experiência de quase morte têm suas vidas modificadas, e esse é o meu caso.

Tive uma infância muito difícil. Nasci em uma família muito pobre, mas feliz.

Perdi a minha mãe quando tinha somente 14 anos. Foi em um domingo, dia 15 de dezembro de 1974. A minha mãe, junto ao meu padrasto, de nome Fernando, saíram para almoçar. Após o almoço, quando eles retornavam para casa, Fernando, ao dormir ao volante, chocou o seu carro contra uma carreta carregada de abacaxis.

Ele teve morte imediata. Já a minha mãe e a minha avó, que também estava no carro, foram levadas para o hospital mais próximo, na cidade de Magé, no Rio de Janeiro.

Após acordar e dar o endereço de nossa casa e mais algumas informações sobre ela mesma, nossa família, minha avó e Fernando, minha mãe teve uma hemorragia interna e faleceu. Foi um momento muito triste para toda a família, já que a minha adorável mãe tinha apenas 32 anos – uma menina que sequer aproveitara a vida – e era muito querida por todos, por ser uma pessoa muito generosa e gentil.

Após quase seis meses de internação em um dos melhores hospitais de nossa cidade, minha vó teve alta e passou a cuidar de nós. A coitada quase não sobreviveu, mas quis o destino que ela sobrevivesse para cuidar dos netos que perderam suas mães, pois ela cuidou não só de nós – eu e minhas duas irmãs —, como também de outros primos que ficaram órfãos ainda pequenos. Sou e serei eternamente grato à minha querida avó por tudo que fez por nós.

Foram tempos muitos difíceis, pois tive que deixar os estudos e trabalhar para auxiliar no sustento de minhas duas irmãs, que passaram a morar com uma tia. Meu tio exigia que eu trabalhasse em seu comércio para pagar as despesas relacionadas a mim e às minhas irmãs.

Jamais esquecerei o dia em que pedi um trocado a ele para ir ao cinema com minha primeira namorada e ele me disse que não ia me dar nada, pois meu trabalho não era suficiente para pagar sequer o que eu e as minhas irmãs comíamos... Muito triste...

A vida foi passando. Aos 18 anos, eu finalmente consegui um bom emprego. Fui contratado por um banco como mensageiro, o que chamamos hoje de *office boy* ou contínuo.

Sempre fui muito dedicado e curioso, e a curiosidade, o empenho e a dedicação me levaram longe na carreira bancária. Tanto que, aos 25 anos, após várias promoções, me tornei operador de valores de um dos maiores bancos do Brasil junto ao mercado financeiro, o que me rendia um extraordinário salário. Assim, consegui muita coisa ainda muito jovem.

Eu havia acabado de me separar da minha primeira esposa e havia alugado um lindo apartamento, onde eu era muito feliz. Estava juntando dinheiro para comprar um carro conversível do ano, que consegui em poucos meses. Eu estava vivendo o melhor momento da minha vida. Tinha dinheiro suficiente para ajudar não só as minhas irmãs, mas também todos os que mais gostava.

Era um domingo de sol quando meu cunhado, esposo da minha irmã, me convidou para uma partida de futebol em um bairro distante.

Feliz, me preparei e fui ao encontro dos amigos de infância para um domingo de futebol.

O jogo era desafiador, pois o time que ganhasse a partida ficaria com o mando de campo. Assim, meu cunhado se preocupou em chamar os melhores. Modéstia à parte, eu era, na época, o melhor goleiro que existia no bairro.

Resultado, estávamos ganhando de goleada. Foi quando um rapaz entrou no campo perto de mim, pegou a bola e disse que não haveria mais futebol ali.

Foi combustível suficiente para uma briga generalizada. O que não percebemos foi que, na verdade, era uma armação, um gatilho para provocar uma briga que possibilitasse atingir os objetivos do pessoal do lugar. Eles queriam arrumar uma confusão para fazer o que fizeram.

Um rapaz se aproximou de mim e começou a me alvejar com vários tiros. Ele portava um revólver calibre 38.

Cinco tiros me atingiram. Perdi minhas forças e caí ao solo, sangrando muito.

Para a minha sorte, um menino que estava assistindo ao jogo correu para a via principal para fugir dos tiros. Foi quando ele avistou uma viatura policial e informou o que estava acontecendo.

O camburão da polícia militar imediatamente se dirigiu ao local e me socorreu, me levando para o pronto-socorro mais próximo.

Eu sempre vi espíritos, pois sou médium de berço, mas nunca me relacionei com nenhuma religião – eu disse nenhuma. Sempre tive muito medo do fenômeno que me atormentava desde criança.

Em minhas crises de clarividência, a minha mãe me levava à igreja católica ou até a casa da minha avó, que era rezadeira e benzedeira, e as coisas melhoravam.

Ao chegar no pronto-socorro, os médicos constataram a gravidade do meu caso e, após alguns exames emergenciais, me encaminharam direto para o centro cirúrgico.

Equipe preparada. Eu, deitado na maca, implorava aos médicos que me apagassem, pois não suportava a dor que dilacerava meu peito.

Foram cinco tiros, como disse, que me atingiram: um no ombro direito; um no braço esquerdo; outro entrou pelo meu ombro e perfurou o meu peito, saindo muito próximo à região do coração; outro na minha costela esquerda – esse me tirou um rim —; o último passou ao lado da minha sobrancelha, onde há a marca até hoje. Esse último tiro passou tão perto que pude ouvir a bala zunindo em meu ouvido.

Meu estado era extremamente grave. Os médicos disseram para a minha família que as chances eram pequenas devido às lesões provocadas pelas balas e que eu precisaria de um milagre para sobreviver.

Ao me deitarem na maca do centro cirúrgico, uma médica se aproximou do meu ouvido e disse:

– Osmar, nós vamos te apagar agora...

Naquele instante, uma forte luz adentrou o centro cirúrgico e eu fui sugado para um enorme túnel de luz. Engraçado é que esse túnel nos atrai. Eu não tive como me livrar dele. É como se fôssemos um pedaço de metal atraído por um poderoso ímã do outro lado do túnel.

Olhei para trás e vi meu corpo sobre a maca e os médicos desesperados, tentando algo que não sei até hoje, pois não tive a oportunidade de perguntar a eles o que havia me acontecido. O que passei daquele momento em diante transformou totalmente o meu Ser.

– Morri – disse a mim mesmo.

Eu tinha certeza de que os tiros haviam tirado minha vida. É impressionante como a consciência não nos deixa nessa hora. Tudo é muito real.

Entrei naquele túnel mesmo sem querer, como disse... É incrível, pois a luz é intensa, mas não ofusca nossa visão.

Cheguei a um lugar muito bonito, um jardim imenso, onde algumas pessoas dançavam uma música que até hoje ainda não ouvi nada parecido.

Eu estava extremamente aborrecido e xingava Deus:

– Como assim, morrer tão jovem? Por que permitiu que isso acontecesse comigo, Deus? Minha família, meu filho, como viverão sem mim?

Eu estava realmente muito aborrecido.

Olhei para o meu lado e percebi haver um pequeno banco, desses de ripas que encontramos facilmente nas praças de nossos bairros e em todo o país.

Decidi me sentar para me acalmar. Eu não tinha mais nada para fazer a não ser xingar Deus por permitir que aquele rapaz tivesse me assassinado.

O ódio me fazia xingar Deus...

Fiquei sentado olhando aquelas pessoas que dançavam, se divertiam e sequer olhavam para mim. Algumas até sorriam, mas não diziam nada. Elas não interagiam comigo. Parecia que eu não estava ali...

Eu me acalmei e aceitei a minha morte. Achava que estava no céu, pois era nisso que eu acreditava naquele momento.

Eu não tinha religião. Não frequentava nenhum lugar e sequer havia lido um livro sobre qualquer religião. Inclusive, eu nunca havia lido a Bíblia. Lembrei-me de alguns ensinamentos da época em que fiz a catequese na igreja, na minha Primeira Comunhão.

Naquela hora, comecei a me preocupar, pois estava ali sentado sozinho sem ao menos saber onde estava.

Então, pensei:

– Estou no céu... Que bom! Pelo menos não fui para o inferno...

Foi quando minha mãe apareceu por detrás de mim, me olhando carinhosamente.

Olhei para ela e minha reação imediata foi pular em seus braços e abraçá-la como nunca.

– Mãe...

– Oi, filho.

– Mãe, que bom que você está aqui.

Lembrando a todos vocês que estão lendo esta obra que eu havia perdido a minha mãe aos 14 anos. Ela tinha somente 32 anos e morreu naquele acidente de carro com meu padrasto, como contei anteriormente.

– Mãe – repeti e a abracei fortemente.

Ela então, pacientemente, me puxou para nos sentarmos no banco ao nosso lado.

Ao se sentar, ela guiou a minha cabeça para que eu me deitasse em seu colo.

E assim o fiz, deitando minha cabeça sobre suas pernas.

– Mãe, que saudade! – disse, apaixonado e agarrado a ela como um menino que sentia muitas saudades do grande amor de sua vida.

Por alguns minutos, ficamos calados. Ela me acariciava e eu sentia novamente seu amor dedicado a mim.

Meu coração foi se acalmando e surgia dentro de mim uma paz que não sei explicar.

Estávamos novamente juntos, eu e a minha querida mãe.

Olhei para o céu alaranjado do lugar e agradeci a Deus pelo momento que estava vivendo.

Eu estava novamente nos braços saudosos da minha querida mãezinha.

Foi quando ela olhou para mim com um leve sorriso no rosto e disse:

– Meu filho, você vai ter que voltar.

– Eu... voltar? Nem pensar, mãe. Eu quero ficar com você.

– Meu filho, você vai ter que voltar.

– Mas, mãe, eu não quero voltar. Quero ficar com você. Eu não tenho nada que me interesse lá. Quero ficar ao seu lado, mãe. Estou com muita saudade de você.

Meus amigos e leitores, confesso a vocês que eu posso sentir até hoje os dedos da minha mãe acariciando os meus cabelos e a pele de seu rosto em meus lábios quando a beijei incansavelmente naquele dia.

– Filho, você vai ter que voltar.

– Mas, mãe...

– Olhe, deixe eu lhe dar três conselhos...

– Que conselhos, mãe?

– Meu amor... seja justo, honesto e bom.

– Mas, mãe...

Acordei... Haviam se passado alguns dias. Eu estava entubado no CTI daquele pronto-socorro.

Logo uma enfermeira se aproximou de mim e, ao perceber que eu havia acordado, chamou um médico, que imediatamente orientou que deveriam me tirar de alguns tubos.

Eu estava muito aborrecido por voltar. Queria ter ficado com a minha mãe. E veja que eu nunca – mas nunca mesmo, eu juro a vocês – havia ouvido falar em vida após a morte e, em nenhum momento do terrível acidente que sofri, pensei ou sequer chamei pela minha mãe. Afinal, já haviam se passado 12 anos de sua partida da vida física e o trauma daquele acidente sequer me permitia pensar em algo.

Os dias passaram e eu não contei nada disso para ninguém. Eu não sabia o que havia me acontecido. Como contar isso a alguém? Quem estaria disposto a ouvir minha EQM? Eu sequer sabia que o nome do que havia me acontecido era experiência de quase morte...

Algum tempo depois, reencontrei uma menina que era, na verdade, uma paquera de barca. Todos os dias, eu estacionava meu carro próximo à estação das barcas em Niterói e pegava a barcaça que atravessa até hoje a Baía de Guanabara. Eu gostava de sentir a brisa da manhã em meu rosto enquanto navegava em direção ao centro do Rio de Janeiro, onde ficava a empresa em que trabalhava.

Nós nos paquerávamos, mas nenhum dos dois havia tomado a iniciativa de se procurar. Naquele dia, ela se aproximou de mim e disse:

– O que houve com você? Por que está tão magro assim? Você está com aids?

Essa travessia durava, naquela época, cerca de 20 minutos. E esse tempo não foi suficiente para explicar a ela o que havia realmente acontecido comigo. Eu estava muito envergonhado e muito magro, pois os tiros tinham me tirado alguns quilos.

Assim, marcamos de voltar juntos à tarde na mesma barca, onde lhe contei todo o ocorrido. Ela, então, me perguntou:

– Você tem religião?

– Não, não tenho.

– Você já ouviu falar de Allan Kardec?

– Não, nunca ouvi falar desse homem.

– Já ouviu falar de Chico Xavier?

– Sim, li algo sobre. Sei que ele é mineiro e escreve cartinhas para as mães que perderam seus filhos.

– Eu gostaria de lhe fazer um convite. Será que você aceita?

– Claro, pode fazer.

– Quero convidá-lo para uma sessão espírita em minha casa.

– Sessão espírita? O que é isso?

– Deixe-me explicar: é que a minha mãe faz uma reunião semanal de mesa, onde estudamos o Espiritismo e, às vezes, temos a presença de algum mentor espiritual, que aparece para nos orientar.

– Eu nem faço ideia do que é isso, mas aceito, sim. Será um prazer conhecer sua família.

Foi nessas reuniões que tive o primeiro contato com o Espiritismo.

Frequentei esses encontros por alguns meses, até que, um dia, estávamos reunidos estudando quando um mentor espiritual se manifestou na mãe dela. Ele se aproximou de mim e disse:

– Boa noite, Osmar.

– Boa noite.

– Você sabe quem sou eu?

– Não, senhor.

Percebi ser um homem em um corpo de mulher, mas não representava nada para mim e eu nunca havia conversado com ele.

O mais impressionante desse primeiro contato foi que a mãe da minha amiga era muito baixa, mas, quando ela incorporou aquele espírito, parecia que ela tinha uns três metros de altura.

Então, ele disse:

– Já que você não sabe quem eu sou, estou indo embora.

A médium voltou a sentar-se na mesa e o espírito foi embora. Logo em seguida, ela recebeu outro mentor, que se levantou e veio em minha direção, dizendo:

– Boa noite, Osmar.

– Boa noite.

– Sabe quem sou eu?

– Sim, sei. Só não sei o seu nome, mas percebo que o conheço... Sinto algo que não se explicar.

Ele, então, revelou:

– Eu sou o seu mentor espiritual, e temos um trabalho a cumprir juntos.

– Estou ao seu dispor, meu amigo – respondi, emocionado.

– Então, faça assim... procure um centro espírita sério e desenvolva a sua mediunidade. Temos muito o que fazer.

– Mas, senhor, eu nunca senti nada. Só vejo espíritos, mas não sinto mais nada além disso.

– Procure o centro espírita e deixe o resto comigo.

Assim, meus amigos, estou onde estou...

Após peregrinar por várias religiões, foi no Espiritismo que encontrei as respostas para tudo o que me acontecia desde menino e para a experiência de quase morte que me levou ao encontro com a minha adorável mãe.

Foi no Espiritismo que encontrei as respostas para os meus mais íntimos questionamentos.

Hoje escrevo, trabalho e ajudo quem posso através da minha mediunidade.

Uma coisa posso assegurar a todos vocês: a vida não termina com a morte. Você não deixará de existir simplesmente porque seu corpo faliu... e ele falirá um dia.

Vivemos eternamente, seja na carne ou na vida espiritual. O que relatei há pouco para todos vocês é o que me mantém firme nos propósitos da caridade e na missão que me foi dada na vida espiritual e que agora exerço sempre que posso.

Tenho plena consciência do quanto é difícil acreditar em tudo isso que estou lhes contando. Eu mesmo, se não tivesse vivido o que vivi, dificilmente acreditaria que a vida continua, pois, como dizem, ninguém voltou para contar...

Mas olhem bem meu relato sincero. Há alguma dúvida de que a vida continua?

Não foi sonho...

Não foi nenhuma miragem ou, muito menos, efeito da anestesia...

Eu não pensei em minha mãe. Sequer me lembrei dela quando o acidente aconteceu...

Eu não tinha nenhum conhecimento sobre vida após a morte, sobre espíritos...

Eu nem imaginei que poderia estar vivo em outro lugar.

Não implorei por minha vida nem, muito menos, me dei conta do que realmente estava me acontecendo, embora estivesse muito chateado com tudo aquilo.

Fui simplesmente sugado por um túnel e reencontrei quem mais amo.

Foi isso...

Assim, meus leitores e amigos, não se desesperem... Se este livro chegou até suas mãos, é porque ele traz o conteúdo que você precisa ouvir ou ler neste momento.

Aproveite ao máximo tudo o que lhe será revelado nesta psicografia para se acalmar e aproveitar cada segundo do hoje, porque o amanhã é uma possibilidade que poderá não existir, pelo menos aqui.

Mas posso lhe assegurar, você não deixará de existir...

Eu me lembro de que, após alguns anos exercendo minha mediunidade, pedi ao meu mentor que me desse uma ferramenta que abrisse a cabeça das pessoas e colocasse definitivamente na mente delas que não vão morrer. Que eu pudesse relatar minha experiência fora do corpo em uma cidade espiritual. Que eu pudesse falar ao mundo que a vida não termina quando deixamos o corpo físico.

Um dia, fui convidado para fazer uma palestra no Centro Espírita Auta de Souza, em São Paulo.

Saímos bem cedinho de casa, eu e minha esposa, Michelle. Pegamos o avião e, na hora combinada, lá estava eu, palestrando no centro espírita na cidade de São Paulo.

Contei minha experiência de quase morte como contei a vocês há pouco e, no final da palestra, disse esta frase:

– Eu gostaria de ter um machado desses de lenhador para bater na cabeça de vocês, abri-la ao meio e definitivamente colocar na mente de todos que vocês não vão morrer...

Foi quando, para a minha surpresa, minha querida e amada mentora Nina Brestonini adentrou o salão e se sentou na primeira fileira.

Estranhei sua presença e cheguei a ficar envergonhado.

– Continue, Osmar – disse ela.

Finalizei a palestra com esta frase:

– Eu gostaria muito de ter um enorme machado para abrir a cabeça de cada um de vocês ao meio e definitivamente colocar dentro dela que você não vai morrer... Eu gostaria que o mundo espiritual me desse essa ferramenta.

Então, Nina olhou para mim e disse:

– Nós já lhe demos essa ferramenta. Você já tem esse machado. – Eu não escondi de ninguém a presença de Nina, e ela continuou: – Os livros, Osmar. Os livros são, na verdade, o machado que você nos solicitou.

Emocionado, chorei naquele dia...

Todos ficamos felizes com a presença de Nina Brestonini naquela manhã ensolarada de São Paulo.

Aproveite, meu irmão, cada linha deste livro para transformar todos os seus conceitos sobre a vida depois da morte.

Você é muito importante para Deus.

Você é o objetivo de Deus, e Ele não seria Deus se o destinasse a uma morte definitiva.

A vida continua em outras dimensões espirituais. Isso não é uma utopia. Creia! Você é muito mais do que imagina!

Você é filho de Deus, e a Deus um dia retornará.

Vamos em frente…

Eu tenho uma linda e emocionante história para compartilhar com você.

“

A vida é agora, porque o amanhã é uma possibilidade que pode não acontecer.

”

Osmar Barbosa

Despertando a Espiritualidade

Nós, os espíritos, estamos temporariamente presos em três celas que, sem percebermos, nos fazem muito mal.

A primeira delas é a prisão biológica, que é o nosso corpo físico. Ele é muito limitado e cheio de necessidades que nos aprisionam e tiram a nossa liberdade, já que precisamos mantê-lo saudável o tempo todo se quisermos viver o tempo máximo que o falido corpo biológico suporta.

A segunda prisão é a ideológica, aquela que nos permite viver em sociedade, que valoriza somente as conquistas materiais e que faz muito mal aos espíritos em evolução.

E, por último, a prisão moral, que infringimos naturalmente, percebendo ou não. Estamos o tempo todo contrariando a Maior Lei, a Lei da moralidade, que tanto nos é necessária para adentrarmos com segurança os planos espirituais, e isso atrasa demasiadamente nosso progresso espiritual.

A cegueira temporária das existências pretéritas funciona como uma barreira, atrapalhando muito a compreensão do que são os espíritos. Não somos um amontoado de carne, músculos, sangue e ossos. Somos muito mais que isso.

Não há sentido na vida se não houver nada depois da curta existência terrena. Pense nisso...

Não faz sentido toda a Criação parar no curto final da vida, simplesmente deixando de existir.

Que Deus é esse que criou tudo para a existência dos espíritos, mas que, ao final de uma experiência, somente uma oportunidade, permite que esses mesmos espíritos, criados em Sua semelhança, deixem de existir?!

É necessário que sejamos mais inteligentes, mais observadores. Ficando mais atentos aos acontecimentos diários, do cotidiano da vida, perceberemos que o que achamos ser a compreensão é, na verdade, a cegueira que impede nossa evolução espiritual.

Sim, você não deixará de existir. Não faria sentido se fosse assim.

Precisamos olhar para Deus como Deus que Ele é. Não há comparação entre o que achamos ser Deus e o que, na verdade, Ele é. Precisamos desumanizar Deus.

Não podemos colocar sentimentos humanos em algo que nunca foi humano.

Não podemos comparar o Criador às coisas que observamos na Criação. Ele é muito maior que tudo o que conhecemos até hoje.

Deus é incomparável.

Deus é inimaginável.

Deus é soberano, Criador de todas as formas, todas as coisas...

Absoluto...

Imaginar que a vida termina com o final de uma única experiência é desqualificar Deus. É reduzi-Lo a um ser menor. É igualar o Criador à criatura.

Deus não é comparável.

Deus é a perfeição; o Senhor de tudo o que podemos ver, sentir, tocar, perceber, saborear, imaginar...

A compreensão do Criador é algo incompreensível devido às nossas imperfeições.

O amor do Criador por toda a Sua obra O qualifica como a perfeição superior.

Ao observarmos como agem os espíritos evoluídos, podemos perceber que é o amor a essência divina e que, sem amor, estamos destinados às múltiplas encarnações, por serem as idas e vindas à vida humana o que nos aperfeiçoa lentamente.

O processo só termina quando compreendemos que nada, mas nada mesmo, do que julgamos ser valioso perde o valor; quando percebemos que o maior tesouro não é palpável.

A grande conquista é olhar para os filhos de Deus como parte de Deus e amá-los como Ele, para podermos, então, compreender o amor de Deus.

Mas o que é o amor se, na hora mais difícil, costumamos valorizar o que está a nossos olhos, e não aquilo que nos espera nas esferas divinas, como venho relatando desde as primeiras linhas deste livro?

Por que, na hora mais difícil, costumamos valorizar as coisas que nossos olhos enxergam e não nos entregamos às mensagens divinas que nos são trazidas diariamente pelos anjos do Senhor, por pessoas sinceras e verdadeiras que dedicam suas vidas ao auxílio e à informação para o próximo?

Por que valorizamos o que a traça come ou o que a ferrugem corrói e insistimos em negar o que, na verdade, praticamos diariamente, se Ele, que é o caminho, a verdade e a vida, já nos orientou sobre como devemos viver e extrair das experiências corpóreas aquilo que nos torna seres melhores?

Não ajunteis tesouros na terra, onde a traça e a ferrugem tudo consomem, e onde os ladrões minam e roubam. Mas ajuntai tesouros no céu, onde nem a traça nem a ferrugem consomem, e onde os ladrões não minam, nem roubam. Porque onde estiver o vosso tesouro, aí estará também o vosso coração.

Mateus 6:19

A quem estamos enganando verdadeiramente?

Por que temos tanta dificuldade em acreditar e deixamos de nos entregar ao que é obvio?

Por que não nos entregamos ao amor e passamos a vivenciá-lo todos os dias, de todas as formas, rendendo-nos ao que os espíritos afirmam ser a nossa libertação?

Parece que o tempo está acabando...

Há um desespero para se conquistar o que não levaremos... uma luta imoral por coisas que não têm valor...

Diante das oportunidades, onde o caráter deve preponderar, dificilmente a decisão é pelos outros. Estamos sempre gananciosos, pensando somente no eu... no meu... no tenho...

Mas a certeza de que há um projeto maior assegura que aqueles que já se compreendem como missionários não devem desistir da missão confiada.

O que seria da humanidade se todos aqueles que receberam e recebem todos os dias as mensagens renovadoras se entregassem ao desânimo imposto pelos que ainda sequer têm a consciência de que são espíritos?

O que seria dos médiuns missionários dedicados e moralmente entregues à missão da caridade caso, por motivos alheios às suas vontades, se permitissem prostituir, deixando de lado a grande missão dos espíritos?

Tarefa árdua e sofredora, meus amigos.

Antes de confiar sua crença a quem quer que seja, verifique a veracidade da informação e, principalmente, o caráter do médium.

Se a informação, a mensagem for de cunho elevado, siga cegamente. Caso seja o contrário, ignore e se afaste desse infeliz irmão.

Estamos no Todo e o Todo está em nós. Creia que tudo o que lhe é entregue tem objetivos evolutivos.

Seja bom ou ruim, vai lhe educar. Portanto, extraia da lição diária o conteúdo educacional elevado.

Seja grato por tudo o que o Universo faz chegar a você. "Gratidão é a melhor forma de dizer muito obrigado."

Muitas pessoas me questionam: se existe realmente vida após a morte, se sou um ser eterno, por que não me lembro das minhas existências anteriores?

A resposta é simples: porque, se você tivesse a certeza que eu tenho de que a vida não termina com uma encarnação, diante da primeira dificuldade, perda, desilusão, impossibilidade motora, perda de filhos, pais, amigos e pessoas que você ama muito ou coisa que você valoriza mais que a vida, certamente, meu leitor, você buscaria o suicídio como fonte libertadora de sua dor.

Coloque-se no lugar de uma mãe ou um pai que perde seu único filho. Suponhamos que seu único filho morra em um acidente, em uma tragédia, ou que seja mais uma vítima de um assassino cruel. O que você faria se não soubesse que a vida continua? Se nunca tivesse ouvido falar disso ou se não acreditasse em Deus?

Você continuaria vivendo aqui sem ele?

Ou você tiraria a própria vida para reencontrá-lo ou, quem sabe, tentar ajudá-lo, já que é seu único filho e não merecia tal morte?

Você pagaria para ver?

Agora seja sincero. O que você faria se tivesse certeza da continuidade da vida? A certeza de que seu filho passou pelo que passou para sua evolução espiritual ou de que o tempo em que esteve encarnado foi o suficiente para ele adentrar a vida espiritual – vida eterna – e lá viver sem os sofrimentos humanos. A certeza de que, um dia, você vai reencontrá-lo e todas essas questões serão dissolvidas. Todas as suas dúvidas serão respondidas...

É por isso que o véu da incerteza é a ferramenta mais inteligente de Deus para nos proteger e fazer com que continuemos a seguir em frente, mesmo juntando os pedaços de uma tragédia.

A esperança do reencontro é o que nos mantém vivos e experimentando novas provas para podermos evoluir.

Deus te ama. Creia nisso.

Você nunca esteve sozinho, e nunca estará.

Tudo o que lhe acontece tem um motivo, uma razão.

Nada, absolutamente nada, está ao acaso na nossa caminhada evolutiva.

Nós é que somos fracos e ainda não estamos preparados para acreditar que Ele é amor em essência e que tudo o que Ele deseja é que sejamos felizes, embora muitas vezes não compreendamos os mecanismos que Ele usa para a nossa felicidade.

Passar pela dor também nos modifica e fortalece nossos sentimentos a Deus.

Mas tenha certeza de uma coisa: você não deixará de existir após a falência de seu corpo. E os acasos da vida são experiências que vão fortalecê-lo e melhorá-lo.

A vida não se resume a esta vida. Creia nisso e viva intensamente todos os momentos possíveis.

Aproveite as dificuldades para moldar em si a caridade, pois, quando a dor do outro não o fere, o paciente é você.

Creia nisso...

"

Neste planeta, somos todos moradores de rua procurando o caminho de casa.

"

Osmar Barbosa

Marcelino

Passados alguns dias, eu estava em casa com a Michelle, minha esposa, e com o Rodrigo, meu filho. Era o final de tarde de uma sexta-feira.

Eu já havia terminado todos os meus compromissos daquela semana e, após voltar da rua, onde resolvi algumas pendências, me sentei na cozinha para o café da tarde.

Foi quando a Nina me chamou para darmos continuidade a esta psicografia.

Terminei meu lanche e comuniquei à Michelle que iria para o escritório, pois a Nina me chamava.

Logo cheguei e me sentei, à espera da mentora, que me apareceu pouco tempo depois.

– Oi, Osmar!

– Oi, Nina!

– Eu lhe atrapalho se dermos continuidade ao livro?

– Claro que não, Nina. Eu lhes sou muito grato por todas as oportunidades que vocês me permitem.

– Quero convidá-lo a me acompanhar para relatar um pouco do que acontece quando o espírito deixa o plano físico. Podemos?

– Claro.

– Venha.

Após preparar tudo, eu a segui em desdobramento.

Chegamos a uma casa muito bonita. A sala era de cor branca e os móveis, de alto padrão.

– Venha, Osmar – disse Nina, dirigindo-se a um corredor onde havia várias portas.

Uma delas estava entreaberta, e foi nela que entramos.

Eu me deparei com uma cena comovente.

Havia um rapaz bem jovem deitado em uma espécie de UTI residencial. O rapaz estava com vários tubos ligados ao seu corpo e muitos fios ligados a aparelhos que emitiam sons e controlavam seu estado vegetativo. Ele estava muito magro, pálido e totalmente dopado. Porém, mesmo estando em situação difícil, sua beleza não se escondia diante da dor.

Entramos e nos posicionamos à cabeceira da cama.

Havia uma jovem sentada ao lado do rapaz e uma enfermeira sentada em outra cadeira um pouco distante, na parte esquerda do quarto.

– Nina?

– Sim.

– Quem é esse rapaz?

– O nome desse jovem é Marcelino.

– O que houve com ele?

– Ele sofreu um grave acidente e seu estado é lastimável. Ele teve danos neurológicos sérios e seu desencarne se aproxima.

– Acidente de quê?

– Ele se afogou na praia, quando nadava com amigos e familiares.

– Vejo que o quarto está todo iluminado. Por que está assim?

– O que você está vendo é, na verdade, a luz espiritual desse jovem.

– Do Marcelino?

– Sim.

– Quantos anos ele tem, Nina?

– Dezessete anos.

– Que coisa triste.

– É sobre ele que quero lhe falar.

– Sobre o Marcelino?

– Sim, olhe.

Naquele momento, alguns espíritos chegaram da vida espiritual e se aproximaram da cama hospitalar em que Marcelino estava deitado. Confesso a vocês, meus leitores e amigos, que gostaria que todos vocês pudessem ver o que eu estava ali, de pé, presenciando.

Chegaram ao quarto quatro jovens, todos com idades semelhantes à de Marcelino.

Eles passaram por nós e sorriram para Nina, como se a cumprimentassem com o olhar e com alguns gestos corporais, tal qual fazem os asiáticos, curvando o corpo em reverência a alguém.

Eram duas meninas e dois rapazes. Eles se aproximaram da cama e estenderam suas mãos na direção de Marcelino. Eu pude ver saírem luzes de cor verde e violeta, que clarearam ainda mais o ambiente.

Os fluidos direcionados ao rapaz fizeram com que ele se mexesse, o que causou espanto na jovem sentada ao seu lado e fez com que a enfermeira se aproximasse, tentando perceber ou entender melhor o que estava acontecendo.

Não eram espasmos. Era Marcelino se mexendo devido ao contato com tantas energias espirituais. Eu pude perceber que os fluidos direcionados ao paciente surtiam efeito.

Eram muitos jatos fluídicos direcionados ao corpo inerte do rapaz.

Nina repetiu o gesto daquele grupo e também estendeu suas mãos, direcionando-as a Marcelino.

Meus olhos marejados de lágrimas me atrapalhavam a visão esplendorosa.

A jovem, emocionada, começou a chorar. Parecia para mim que ela percebeu que a energia daquele ambiente havia se transformado.

Alguns minutos depois, o grupo visitante desfez a corrente fluídica e energética e, após olhar para nós, deixou o ambiente, voltando para um lindo túnel de luz violeta, de onde tinha vindo.

Assim, eles nos deixaram. Mas, apesar de terem deixado o lugar, a luz que o corpo de Marcelino irradiava permanecia no ambiente.

Curioso, não me contive em perguntar sobre aquele fenômeno.

– Nina?

– Sim.

– Quem eram aqueles espíritos?

– Tarefeiros do bem.

– Pode nos explicar?

– Há, em todas as colônias espirituais, Osmar, espíritos que, devido à sua evolução pessoal, conquistam permissão para virem ao plano físico auxiliar espíritos que estão encarnados e que, de alguma forma, estão ligados a eles.

– Esses espíritos que aqui estiveram estão ligados ao Marcelino?

– Sim, e eu quero mostrar isso a você. Venha, vamos a um lugar. Quero lhe mostrar uma das vidas de Marcelino.

Imediatamente, Nina me levou a uma pequena cidade. Na verdade, era uma cidade interiorana onde havia apenas algumas ruas calçadas com pedras antigas e muitas casas dessas bem antigas.

Parecia uma vila interiorana como temos aqui. Esse lugar era muito parecido com aquelas cidadezinhas mineiras onde há uma rua principal e várias casas antigas.

Pude ver, no final da rua principal, uma pequena igreja. E era para lá que estávamos nos dirigindo.

– Que cidade linda, Nina!

– Essa cidade é no Brasil, Osmar.

– Onde?

– Minas Gerais.

– Estamos indo para aquela igreja?

– Sim, estamos indo até aquela pequena capela no final dessa rua principal. Venha.

Eu gostaria de explicar a vocês esse processo.

Quando os espíritos falam "venha", não estamos caminhando. Parece que meus pés não tocam o chão. É como se estivessem voando muito próximos ao chão. É dessa forma que nos locomovemos nas cidades espirituais ou nas cidades nas quais os amigos espirituais nos levam.

Esse fenômeno é chamado de volitação.

A volitação é a capacidade que o espírito tem, em certo nível de adiantamento, de "voar", não apenas no sentido literal, mas também de maneira mais transcendental. O espírito se transporta para onde quiser ou lhe for determinado, sob a ação e o impulso de sua própria inteligência.

Finalmente, chegamos à igreja.

– Venha, Osmar.

Nós nos sentamos muito próximos ao altar. Estávamos na porta da sacristia da pequena capela.

Havia poucas pessoas no local, sentadas em silêncio profundo.

Foi quando eu ouvi uma música tocada em um órgão desses bem antigos de igreja. Anunciava-se ali o começo de uma missa.

O sino da igreja começou seu badalo, convidando toda a comunidade àquele encontro. Eram 18h, e a população local começava a chegar.

Sem saber explicar a vocês, em segundos, a pequena capela ficou lotada.

Foi quando o padre deixou a sacristia e se dirigiu a um pequeno púlpito ao lado do altar para o começo de sua pregação.

Para a minha grata surpresa, o padre que se apresentara era nosso ilustre Marcelino.

Ele era jovem e muito bonito e vestia uma batina de cor branca. Assim que entrou no ambiente, pudemos ouvir o burburinho das dezenas de jovens que se acotovelavam nas primeiras fileiras, a fim de estarem perto do reverendo.

Sereno, ele se posicionou e começou sua pregação falando de Judas, aquele que traiu Jesus.

Olhei para Nina, esperando pelo momento certo para satisfazer o turbilhão de dúvidas que brotavam dentro de mim.

A missa começou e todos ficaram compenetrados nos ensinamentos evangélicos do rapaz.

Após uma linda pregação, deu-se início ao ritual católico cheio de energias benéficas que, pude perceber, tocou muitos corações aflitos naquele dia.

Ao final da missa, todos deixaram a igreja, exceto o jovem padre, que, após se despedir de seus fiéis, se sentou na primeira fileira de bancos da igreja e começou a orar novamente.

Nina me chamou para nos sentarmos ao lado de Marcelino.

– Venha, vamos nos sentar perto dele para que você possa ouvir sua oração.

E assim fizemos.

Marcelino, com as duas mãos posicionadas sobre o peito, começou a proferir uma linda prece.

Senhor,

Estou diante de ti para te agradecer eternamente pela oportunidade que me destes nesses dias.

Tenho plena consciência de meus defeitos, e rogo a ti que me abençoes através de teus anjos e que eu consiga auxi-

liar essa comunidade tão carente. Que me seja permitido, Senhor, abençoar os malditos, perdoar os malfazejos e amparar os necessitados de teus ensinamentos.

Que tua bondade esteja sempre presente em minhas palavras e em meu coração.

Que nada, Senhor, possa me afastar de teus propósitos divinos e que minha vida seja repleta de luz e amor para com todos os teus filhos.

Amém.

Após a prece, o jovem padre continuou sentado, admirando a beleza da imagem de Nosso Senhor Jesus Cristo morto na cruz presente no altar principal daquela pequena igreja.

Pude ver naquele momento que, dentro daquele corpo, na verdade, havia um nobre espírito, cheio de amor e bondade. Lembrei-me imediatamente da luz que circundava todo o quarto em que jazia no leito de morte o jovem Marcelino.

Olhei para Nina à espera de mais algum ensinamento, mas ela me olhou como se dissesse para esperar...

Alguns minutos depois, a igreja já estava totalmente vazia e as portas haviam sido fechadas. Foi quando ouvimos batidas suaves na porta lateral.

Marcelino se levantou, se dirigiu à porta e a abriu suavemente.

– Entre – disse o padre.

Uma linda jovem adentrou o ambiente da igreja muito assustada, como se não quisesse ser vista por ninguém. Envolta em um véu que lhe cobria toda a cabeça, ela entrou na igreja apressadamente e se colocou atrás de Marcelino, que tratou de fechar depressa a porta, não sem antes verificar se alguém havia visto a jovem adentrar secretamente a capela.

– Alguém sabe que você está aqui? – perguntou Marcelino.

– Não, padre. Ele ainda não chegou do trabalho.

– Você sabe que ninguém pode saber deste nosso encontro, não sabe?

– Sei, sim, padre. Pode ficar tranquilo, que não falarei a ninguém. Este é o nosso segredo.

– Venha, vamos à sacristia – disse Marcelino, caminhando apressado e dirigindo-se ao ambiente mais reservado.

A jovem aparentava ter uns 19 anos. Era loira de olhos verdes e pele branca, muito branca. Sua beleza me impressionou.

– Venha, Osmar. Vamos embora.

Sem questionar Nina, voltamos à casa onde Marcelino jazia doente.

Aprendi com as psicografias que o que me é mostrado tem objetivos e que tenho que ser paciente e esperar pelo momento certo, em que tudo me será revelado. Mas, confesso, nem sei como passarei os próximos dias se Nina não me contar sobre esse encontro secreto entre o padre Marcelino e aquela linda jovem, na escuridão da noite.

Voltamos e adentramos o quarto no momento em que os pais de Marcelino acabaram de chegar.

– Essa é a mãe do Marcelino e esse é o pai dele, Osmar.

A mãe, sentada ao lado da cama, ouvia da enfermeira e da jovem que o rapaz havia mexido as mãos e estremecido o corpo.

– Mãe, o Marcelino se mexeu hoje à tarde.

– Sério, filha?

– Sim, nós vimos quando ele se mexeu.

– Você tem certeza disso, Lívia?

– Tenho, pai. Ele se mexeu, sim. Não foi, Eduarda?

– Não foi coisa da cabeça de vocês, meninas?

– Não, dona Glória, eu também vi quando ele se mexeu. Cheguei a ficar assustada.

– Isso é um bom sinal – disse o pai.

– Eduarda, você já deu os remédios dele?

– Sim, senhora.

– Então, vá descansar um pouco. Eu e o João ficaremos um pouco com o Marcelino.

– Sim, senhora – disse a enfermeira, deixando o quarto e dirigindo-se à cozinha da elegante casa.

– Lívia, seu irmão não vai se mexer mais. Certamente, o que vocês presenciaram foi alguma reação à forte medicação que mantém o Marcelino vivo – disse Glória.

– Mãe, eu juro, ele se mexeu.

– Está bem, filha. Não vamos discutir isso.

– Você foi à aula hoje? – perguntou João.

– Hoje não tive aula. Eu passei o dia inteiro com o meu irmão.

– Sem problemas. Vou à cozinha verificar o jantar – disse Glória, levantando-se.

– Está bem, mamãe. Mas, olhe, ele se mexeu, sim. E tenho fé que meu irmão vai se recuperar.

– Deus a ouça, filha. Nós também temos esperança, embora o caso dele seja extremante grave e, segundo os médicos, irreversível. Mas temos esperança e fé que, um dia, nosso Marcelino vai voltar.

– Pai, venho aqui todos os dias e, sempre que entro neste quarto, sinto que há algo... alguém muito especial que vem do céu para curar o meu irmão. Tenho fé em Deus que logo, logo ele vai melhorar.

– Filha, como é lindo o amor que você tem pelo seu irmão. Como é bom para mim saber que tenho uma família onde o amor e a fé em Deus estão acima de tudo.

– Somos assim graças a você e ao Marcelino, que sempre nos ensinou a amar incondicionalmente. Somente assim é que conseguiremos ser filhos de Deus – disse Lívia, olhando para o irmão.

– Realmente é uma pena que o meu filho esteja assim, mas confio em Deus e entrego a Ele a vida de Marcelino.

– Deus vai nos ouvir, pai.

– Amém, filha. Amém... Agora vá comer alguma coisa. Eu vou ficar aqui com o seu irmão.

– Está bem.

Eu e Nina estávamos ali observando um diálogo amoroso daquela família. Confesso que, por vezes, a ansiedade em saber os motivos de tudo aquilo atrapalha o médium. Nina percebeu minha ansiedade e olhou para mim, dizendo:

– Está ansioso?

– Um pouco.

– Ansiedade não é bom para os médiuns.

– Na verdade, eu já não fico mais tão ansioso com as mensagens trazidas por vocês. O que acontece é que a curiosidade, essa, sim, brota em mim. Fico curiosíssimo em saber como tudo isso terminará.

– Tenha paciência. Logo tudo se encaixará.

– Confio sempre nisso, Nina.

– Venha, vamos voltar.

Naquele momento, voltei para a minha vida normal, à espera de um novo encontro com Nina, para continuar a relatar essa linda história... a história do outro lado da vida.

“

Quando mais precisamos, é a hora que Deus nos permite o amparo dos amigos do plano espiritual. Você nunca esteve ou estará sozinho.

”

Osmar Barbosa

Outro Dia

No dia seguinte, sábado à tarde, me preparei e fui ao escritório na esperança de me encontrar novamente com Nina. Afinal, eu precisava saber mais sobre Marcelino e sua família. A curiosidade, como disse, era minha companheira naqueles dias.

Após escrever algumas páginas de outro projeto, senti finalmente a presença de Nina.

– Nina, é você?

– Oi, Osmar.

– Que bom que você veio! Eu estava aqui ansioso para reencontrá-la.

– Continua curioso para saber o que aconteceu com Marcelino e sua família?

– Sim, eu gostaria de terminar logo este livro e levar esta mensagem a todos os lugares. Afinal, eu não tenho nenhuma dúvida de que a vida continua, e precisamos urgentemente alertar todos, para as pessoas poderem se sentir melhores nesta vida atual. Acredito muito que os livros servem como um alerta para o mundo em que estamos vivendo atualmente, sabe, Nina?

– O que está acontecendo de tão grave no mundo que você deseja transformá-lo?

– A maldade, a falta de fé em Deus e os caminhos que a humanidade toma me deixam extremamente preocupado.

– É muita pretensão sua querer transformar o mundo. Nem Ele, que é o mais perfeito, conseguiu. Padeceu e morreu na cruz pelos pecados do mundo e, mesmo assim, ainda há espíritos que não acreditam em Sua governança espiritual e se rebelam contra Ele.

– O que você está me dizendo, Nina? Como assim, não acreditam em Jesus? Será que há espíritos na vida espiritual que não acreditam em Jesus? Porque aqui eu tenho certeza de que existem pessoas que, embora digam acreditar em Jesus, não agem como Ele recomendou.

– Na vida espiritual e na vida de encarnado. São livres em todos os planos da Criação. Não há punição para nenhum espírito, seja encarnado ou desencarnado, Osmar. Esqueça seus pensamentos católicos e viva a experiência da mediunidade transformadora.

– Agora ficou confuso, Nina. Confesso que ainda carrego percepções dos ensinamentos que recebi quando criança, mas tenho me dedicado ao máximo para me transformar.

– Por que ficou confuso, Osmar?

– Se o espírito desencarna e vai para algum lugar na vida espiritual, será que ele não vê Jesus?

– Só O veem aqueles que Nele creem e merecem vê-Lo. Jesus é um espírito perfeito e, infelizmente, muitos irmãos ainda não têm sequer condição de percebê-Lo.

– Sério?

– Sério... A vida espiritual assemelha-se à vida terrena, Osmar. Quantos você conhece que, embora afirmem acreditar em Deus, não O temem nem seguem Suas Leis?

– Posso falar?

– Sim, claro que sim.

– Noventa por cento das pessoas que dizem acreditar em Deus não seguem Suas palavras e não fazem o que Ele pediu.

– Viu?! Essas pessoas merecem ver Deus?

– Acho que não.

– Não é que elas não mereçam. É que elas não conseguem. É assim aí; é assim aqui. Se você diz acreditar em algo e não visa conhecer esse algo, você só tem um algo imaginário. E Deus não é imaginação. Deus, Osmar, é realidade. Sendo assim, ao desencarnar, os espíritos que não estão em sintonia com a energia de Deus aportam em lugares muito distantes do Pai, não conseguindo sequer sentir Sua energia. Mas todos, um dia, encontrarão o divino, porque o divino está sempre acessível a toda a Criação. O divino, Osmar, é o final da caminhada para todos os espíritos.

– Saber isso me conforta, Nina.

– Deixe-me explicar uma coisa para você.

– Sou o seu lápis.

– Os planos espirituais são divididos por frequências. Assim, para que você consiga adentrar determinada frequência, é necessário que, de alguma forma, esteja em perfeita sintonia com essa frequência. Além das frequências, é preciso que você tenha um corpo espiritual adequado ao lugar em que deseja chegar. Para isso, a encarnação. É através das provas evolutivas que você vai moldando seu corpo e aperfeiçoando-o até que ele esteja em perfeita harmonia com a cidade espiritual, plano espiritual ou dimensão que você conquista estar, entende?

– Quem não entender isso nada entenderá, Nina.

– O local onde será recebido é exatamente o lugar onde seu corpo espiritual está apto a habitar, onde lhe é permitido aportar. Assim, quanto mais evoluído é o espírito, mais sutil é seu corpo espiritual. E, quanto mais sutil o corpo espiritual, mais perfeita é a cidade espiritual em que irá habitar, pois as cidades superiores são sutis como é sutil nosso Pai.

– E essas cidades são finitas, Nina?

– Aí é que está a grande obra de Deus. Essas cidades são infinitas, a saber os espíritos até agora.

– Para resumir, Nina: a encarnação permite aperfeiçoarmos nosso corpo espiritual e, após estar perfeito, iremos habitar cidades mais perfeitas. É isso?

– Exatamente. Quanto mais perfeito o espírito, mais perfeita sua forma perispiritual. E, quanto mais perfeita sua forma perispiritual, mais perfeita a cidade em que ele poderá viver, trabalhar ou visitar.

– E isso é infinito. É isso?

– Exatamente. Ainda não sabemos onde está localizada a cidade mais perfeita. Estamos nessa busca.

– Se você, que é um espírito perfeito, ainda não sabe onde iremos chegar, coitado de mim.

– Não diga isso. Você pode se surpreender quando desencarnar.

– Sério, Nina?

– Osmar, eu vou dar um conselho a todos vocês. Posso?

– Meu Deus, claro que sim, Nina.

– O caminho mais rápido para se aperfeiçoar é seguramente a bondade, a caridade e o amor. Não bastam as encarnações sucessivas se o espírito não estiver disposto a melhorar-se, aproveitando as oportunidades para se aperfeiçoar moralmente e intelectualmente. Essas duas virtudes são o atalho para a evolução de todos os espíritos. E, embora alguns irmãos insistam em ignorar a existência de Jesus, ao chegarem à vida espiritual, todos são conscientizados de que Ele é o governador espiritual desta galáxia e de todas as suas dimensões.

– Quer dizer que eu só preciso melhorar-me moralmente e intelectualmente e acreditar em Jesus, é isso?

– Essas são as bases do processo evolutivo. São elas as virtudes que aceleram a evolução.

– Nossa, que excelente informação! Obrigado, Nina.

– Osmar, vamos mudar de assunto.

– Você é quem manda.

– Venha, Osmar. Vamos voltar à casa de Marcelino.

Em desdobramento, eu a segui.

Ao chegarmos ao mesmo quarto em que Marcelino padecia doente, pude observar que havia uma senhora de uns 70 anos sentada na cadeira ao lado da cama de Marcelino, segurando-lhe as mãos.

Era uma senhorinha bem velhinha, com seu corpo curvado, cabelos brancos como flocos de neve e pele enrugada pelo tempo.

Ela estava sozinha ao lado do rapaz.

Nina e eu nos posicionamos aos pés da cama novamente.

Então, aquela senhorinha começou a proferir uma linda prece que modificou todo o ambiente em que estávamos.

Foi quando vi que as paredes daquele quarto desapareceram.

Estávamos em um lindo campo aberto, repleto de flores coloridas. O céu estava alaranjado. Ao fundo, havia algumas árvores com folhagens de cores diversificadas.

Uma brisa suave refrescava nossos rostos. Os cabelos de Nina e daquela linda senhorinha revoavam ao vento leve, que nos acolhia em seus braços.

Era tudo muito lindo e perfeito. Tudo modificado. Eu me sentia no céu ou em alguma colônia – não sei explicar, pois nunca havia passado por tal experiência.

Em busca de alguma resposta para aquele fenômeno, eu olhava para Nina, que, com seus braços estendidos, irradiava fluidos em direção a Marcelino novamente.

A senhora orava, rogando a Deus que curasse seu neto.

Naquele momento, eu descobri que ela era, na verdade, a avó do doente que jazia em seu leito de morte.

Glória e João chegaram ao quarto sem paredes e se ajoelharam aos pés da cama sem nada dizer. Apenas acompanhavam a linda prece proferida naquele momento pela avó de Marcelino.

Alguns espíritos chegaram e se posicionaram ao lado de Nina, também estendendo seus braços em direção ao doente, irradiando fluidos para o peito do rapaz, que dava seus últimos suspiros de vida.

Outros espíritos chegaram. Vi quando um senhor se aproximou daquela senhora idosa e lhe acariciou os cabelos. Ele se ajoelhou ao lado dela e lhe beijou a face.

O espírito de uma jovem, ao chegar ao lado da cama, uniu-se a um rapaz e, juntos, pegaram Marcelino pelos braços e começaram a retirar seu corpo espiritual do corpo físico.

Alguns outros jovens se aproximaram e começaram a desligar os laços fluídicos do corpo físico de Marcelino. Ali começava a morte.

Lentamente, esses laços eram rompidos pelos especialistas do plano espiritual. Todos eles jovens vestidos de branco, exceto uma adolescente que estava vestida com um avental de cor rosa, bem clarinho.

Um a um, os laços que mantinham o corpo vivo eram desligados.

Marcelino, agora colocado em uma maca plasmada pelos espíritos de luz, estava desacordado e pronto para o transporte. Foi quando o túnel de luz por onde esses espíritos chegaram se ampliou, dando espaço para que todos retornassem à pátria espiritual.

Desacordado e quase totalmente desligado de seu corpo físico, Marcelino foi levado pelo túnel. Ele estava deitado na maca e era carregado por quatro rapazes que pareciam ter tido sua última encarnação como escravos. Eles eram negros, vestiam calças brancas e estavam sem camisa. Os pés no chão me chamaram muito a atenção para aqueles trabalhadores do amor. Lembrei-me imediatamente da falange de pretos velhos da Umbanda, que tanto bem fazem, sem nada quererem em troca.

Ao olhar para aquele enorme túnel de luz, lembrei-me também do túnel iluminadíssimo em que entrei durante a minha EQM. Meus olhos se encheram de lágrimas. A princípio, por estar presenciando um desenlace espiritual pela segunda vez, mas também porque me lembrei do dia em que morri e me encontrei com minha mãezinha.

Meus leitores e amigos, eu nunca havia presenciado nada tão lindo como a morte de Marcelino.

Embora tenha acompanhado como se dá o processo de desligamento do espírito no livro *A Vida Depois da Morte*, esse desenlace foi diferente e muito especial.

Voltei minha atenção para o acontecimento e vi que, ao lado de Glória, havia uma jovem de cabelos ruivos, acariciando sua fronte como se estivesse lhe aplicando um anestésico para suportar a dor da perda de um filho.

Ao lado de João, havia outra jovem. Essa era negra, com um sorriso que iluminava todos nós. Ela abraçava João, e podíamos perceber que o abraço da jovem o acalmava.

Após todos adentrarem o túnel de luz, outros espíritos chegaram. Eram todos rapazes. Não havia nenhuma menina ou mulher.

Após beijar a face de Marcelino, aquela senhorinha cobriu-lhe todo o corpo com um lençol de cor branca. Abraçados a Glória, ela e João deixaram o quarto. Todos estavam em lágrimas.

Eduarda, que havia chegado sem que percebêssemos, permanecia sentada ao fundo do quarto, chorando copiosamente. Afinal, Marcelino estava morto, e ali terminara sua missão de cuidar do jovem.

A equipe que acabara de chegar começou a preparar o corpo fluídico de Marcelino, desligando alguns laços que ainda estavam conectados ao perispírito, que fora levado para o túnel de luz.

Fiquei muito impressionado com a delicadeza e os cuidados empregados por aqueles especialistas na desencarnação. Não contive a curiosidade e perguntei:

– Quem são eles, Nina?

– São socorristas que trabalham nos desencarnes.

– O que eles estão fazendo?

– Terminando a desconexão perispiritual de Marcelino.

– Ele morreu, né, Nina?

– Morreu o corpo de Marcelino. Porém, agora começa a verdadeira vida. A vida espiritual eterna.

– Posso lhe dizer uma coisa?

– Claro que sim.

Não contive as lágrimas naquele momento.

Nina, percebendo minha fragilidade, me abraçou.

Chorei mais ainda.

– Não fique assim, Osmar.

– Na verdade, Nina, eu estou muito emocionado de poder ver e escrever o que estou presenciando. É uma revelação importante para todos que lerão este livro. Eu não sei se mereço ser o portador destas linhas.

– Você é merecedor de muita coisa. Aliás, todos vocês são merecedores de muitas coisas que estão à sua espera na vida espiritual. Basta crer que Ele, que tudo sabe e tudo vê, os ama profundamente, está, e estará sempre, muitíssimo preocupado com Sua Criação e reserva para todos os Seus filhos a vida eterna cheia de alegrias e revelações.

– Nina, como Deus é bom!

– Ele é justo, honesto e bom, Osmar.

Mais lágrimas desceram de meus olhos ao lembrar que essas foram as palavras ditas por minha amada mãezinha quando nos encontramos na vida espiritual.

Começo a achar que essas são as palavras mais usadas pelos espíritos quando desejam nos orientar sobre nossa caminhada terrena.

Fiquei abraçado à mentora por alguns segundos, tempo suficiente para o meu coração se acalmar. Confesso, ela fez alguma coisa comigo, mas ainda não consigo compreender o que foi.

Os tarefeiros estavam terminando o desligamento espiritual quando Lívia adentrou o quarto em desespero.

– Meu irmão! – gritou a jovem, desolada.

Glória e João voltaram correndo ao quarto, quando Lívia se jogou sobre o corpo de Marcelino.

Rapidamente, João retirou sua filha de cima do corpo gelado do próprio filho.

Eduarda se aproximou e abraçou a jovem, levando-a para se sentar na poltrona em que passava a maior parte do seu tempo, na vigília dos aparelhos ligados ao corpo do rapaz, que, naquele momento, apitavam, dando o sinal de alerta do que tínhamos acabado de assistir. A morte de Marcelino estava confirmada.

Naquele mesmo instante, um médico chamado pelos pais de Marcelino chegou e adentrou apressadamente o quarto. Ele começou a examinar o corpo do jovem e assim permaneceu por alguns minutos.

Todos choravam, desconsolados com o falecimento do rapaz.

O médico, após exame minucioso, confirmou a morte de Marcelino para João, Glória e todos os presentes.

A senhora de idade já havia sido tirada da casa e levada para outro lugar.

Imediatamente, Eduarda e o médico começaram a desligar os aparelhos e retirar os fios ligados ao corpo falecido de Marcelino.

Lágrimas e dor naquele momento.

Os tarefeiros do plano maior se retiraram após terminarem o desligamento perispiritual. Nada mais havia a ser feito. Tudo estava consumado.

Meus amigos, essa é a cena mais linda que podemos ver. Como é perfeita a Criação!

– E agora, Nina?

– Agora outros espíritos vão chegar. Observe!

– Outros espíritos? Como assim?

– Agora chegarão os consoladores, Osmar.

– Consoladores? Quem são esses espíritos?

– São, na verdade, espíritos ligados a esta família por diversas encarnações. Eles vêm neste momento para acalmar toda a família e confortar os mais sofridos.

– Quer dizer que meus familiares poderão vir no dia da minha morte para acalmar a minha família?

– Sua, não... a família deles. Afinal, os consoladores são espíritos que estão ligados a todos os seus familiares mais próximos.

– Quem são, em sua maioria, Nina?

– Avós, tios, tias, irmãos, amigos... todos que guardam sentimento de amor ou gratidão por você.

– Meu Deus, eu jamais imaginaria que isso seria possível.

– E qual seria a utilidade desses espíritos na vida eterna, se não fosse manter os laços de amor e fraternidade que ligam você a eles? Qual seria a ocupação desses irmãos enquanto aguardam sua chegada à vida espiritual? Acha mesmo que existe ociosidade nas cidades espirituais? Acha mesmo que, após seu desprendimento, vai conseguir ficar sentado nas praças esperando a chegada daqueles que você ama? Vocês ainda precisam aprender muito.

– Você pode nos ensinar?

– É essa a intenção deste livro.

– Ainda bem que você vai me levar nessa viagem.

– Nessa viagem, você vai poder ver e relatar tudo. Mas, um dia, haverá a viagem em que você será o personagem principal e que você não voltará mais aqui para contar. E é essa a hora da verdade. É essa a hora em que todos os espíritos se igualam. Na vida espiritual, Osmar, não importa quem você foi, mas sim quem você é. Pense nisso.

– Pensar... não, Nina. Escrever isso.

– Faça isso.

– "Na vida espiritual, não importa quem você foi, mas sim o que você é." É isso, Nina?

– Exatamente.

– Gratidão, Nina, por você nos ensinar tudo isso.

– Deixe-me dizer mais uma coisa para você, Osmar.

– Pode dizer. Vou anotar.

– Enquanto valorizar o que a traça e a ferrugem consomem, você estará preso ao mundo do materialismo. Não que isso não seja importante; não é isso que quero ensinar. As coisas materiais auxiliam muito sua evolução. Elas são importantes e devem ser conquistadas.

"O que quero dizer é que, enquanto a razão da sua vida for as coisas que a traça e a ferrugem consomem, você será escravo da reencarnação. Quando compreender que o maior patrimônio da encarnação é a evolução espiritual, aí você estará no caminho da libertação. Pode não parecer, mas estar encarnado é, na verdade, estar aprisionado, e é isso que quero mostrar a todos vocês daqui por diante."

– Escrevi sobre isso ainda há pouco, Nina.

– Estamos em perfeita sintonia.

– Gratidão por sua bondade para com todos nós e por nos revelar tantas coisas que nos ajudam a compreender os propósitos divinos em nossa caminhada terrena. Obrigado de coração, Nina.

– Não agradeça. Apenas escreva. No final, você vai entender tudo. Agora vamos...

Naquele momento, eu a segui...

“

Somente amando e respeitando as Leis Divinas alcançaremos a evolução necessária à libertação encarnatória.

”

Osmar Barbosa

A Libertação

Rapidamente, ela me levou para uma cidade espiritual. Chegamos a um hospital muito organizado. Não estávamos em Amor e Caridade, e isso me surpreendeu. Foi quando questionei minha amada mentora:

– Onde estamos, Nina?

– Na Colônia Espiritual Amor Fraterno.

– Peraí, Nina. Eu nunca ouvi falar desta colônia.

– Anote tudo o que você vê e revele para todos esta linda cidade espiritual.

– Qual a localização desta colônia?

– Ela fica sobre o estado do Paraná. Mais precisamente, sobre São José dos Pinhais. Vai até Santa Catarina e faz divisa com São Bernardo do Campo, em São Paulo.

"É uma colônia de tamanho médio. Sua especialidade é receber espíritos que vieram de outros continentes para viver nessa região e em regiões próximas. Recebe estrangeiros que desencarnam no estado do Paraná, Santa Catarina, Mato Grosso, São Paulo, Minas Gerais e Rio de Janeiro. Atende também outros estados do Brasil, mas em menor quantidade. Pode-se dizer que é uma colônia para receber estrangeiros. Existem outras com a mesma finalidade, e alguns espíritos são separados por origem. Dependendo da origem, vem para cá ou vai para outras colônias iguais a esta, entendeu?"

– Perfeitamente.

– Ao chegar aqui, nossos irmãos permanecem durante um período para o refazimento perispiritual. Após o refazimento, eles estudam e buscam aperfeiçoar seus corpos espirituais. Aqui ficam à espera dos familiares que se encontram encarnados e, após período médio e reencontros, são levados para as cidades espirituais de onde vieram. Do país em que vieram, entende?

– Quer dizer que um espírito que veio da Polônia, por exemplo, e que vive nessa região, ou melhor, que vive no Brasil, ao desencarnar, é levado para Amor Fraterno para se recuperar, estudar e esperar por seus familiares, para depois serem levados para uma colônia na Polônia, é isso?

– Exatamente.

– Mas por que ele não é levado diretamente para o país de origem, Nina?

– Pelos laços criados onde viveram sua última encarnação. Afinal, os filhos dos estrangeiros que vieram viver no Brasil não são estrangeiros. São brasileiros e têm laços espirituais pretéritos com espíritos que sempre viveram no Brasil. Mas isso é assunto para outra oportunidade.

– Entendi.

– Fique tranquilo que, após serem conscientizados, eles logo querem voltar para suas origens.

– Imagino.

– Marcelino tem origem turca e será tratado aqui, neste hospital. Enquanto ele é cuidado, daremos uma volta para que você possa relatar toda a colônia. Pode ser?

– Será um prazer, Nina.

Começamos a volitar sobre a colônia espiritual e ela me explicava tudo o que eu via naquele momento.

– Osmar, como eu lhe disse, Amor Fraterno está localizada no Brasil, nos estados que citei há pouco. Tudo bem?

– Tudo anotado, Nina.

– Olhe, seu formato é de um triângulo. É uma colônia considerada de porte médio, devido à sua dimensão. Fundada por benfeitores do astral superior em meados do século XI, Amor Fraterno é a colônia onde vivem os espíritos que terminaram suas experiências corpóreas após terem cumprido , por meio de encarnações sucessivas.

“Agora, como disse, esperam por seus familiares e outros espíritos ligados a eles para, após estudo e conscientização, serem repatriados às cidades espirituais de origem.

“Há vários setores em Amor Fraterno. Os mais visitados são: hospitais e abrigo, albergues, escolas, informações e notícias, conscientização, refazimento perispiritual, entre outros.

“Há também os ministérios. São eles: administração,

governadoria, regeneração, auxílio, refazimento, esclarecimento e conscientização, programação futura.

"E há, ainda, os setores administrativos.

"Todos que chegam a Amor Fraterno, após períodos de reparação, conscientização e refazimento, são levados ao encontro daqueles que os esperam.

"Na parte central da colônia, como você pode ver, tem um grande prédio. Esse é o local onde se concentram a administração, a governadoria e os setores logístico e operacional. Há, ainda, mais algumas construções com formato de prédios comuns em toda a colônia.

"Olhe agora, Osmar. Veja que, ao redor dessa colônia, há muito verde e grandes áreas residenciais, verdadeiros condomínios com pequenas casas. Observe que, na frente delas, existem lindos jardins. E não há cercas para separá-las, apenas calçadas feitas com pequenos blocos coloridos e vários caminhos que ligam todas as casas umas às outras.

"O prédio da administração e governadoria é um lugar muito movimentado, e é também o lugar onde a maioria dos espíritos que aqui vivem trabalham. O prédio é muito grande, como pode ver. É nele que estão concentradas as alas, setores, departamentos, algumas escolas, núcleos, teatros, museus, cinema, tudo...

"À esquerda, como você pode ver, há um grande lago rodeado de ipês-roxos, lugar onde os espíritos se encontram para conversar e descansar após as tarefas evolutivas nos centros de apoio, escolas e demais setores da colônia.

"O setor de conscientização tem como característica o desenvolvimento de técnicas especiais, que auxiliam os espíritos recém-chegados à autodescoberta como essência divina.

"Lá também, Osmar, são distribuídas as equipes de tarefeiros que vão por toda parte, estimulando e concedendo apoio a todos os outros setores que visam o aperfeiçoamento no domínio de si, ampliando o autoconhecimento e, finalmente, preparando-se para seguir no plano evolutivo de todos os espíritos.

"Ainda no grande prédio da administração, há um setor muito movimentado: a câmara de reparação da consciência. É para lá que todos os espíritos recém-chegados que já passaram pelos hospitais de refazimento perispiritual e harmonização fluídica são levados para relembrar a forma perispiritual das encarnações anteriores.

"É a partir desse processo que os espíritos são liberados para seguir, conscientizando-se de que chegou ao fim a encarnação e estando libertos para decidir pelas novas provas evolutivas e reencontrar familiares e espíritos afins, como já citei.

"Há uma profunda sensação de paz nos recém-chegados após várias encarnações por aqui, Osmar.

"Vivem em Amor Fraterno aproximadamente 6,5 milhões de espíritos. O grande conselheiro chama-se Lourenço, e ele administra com esmero e grandeza esta que é uma das mais antigas colônias espirituais.

“Há 18 diretorias em Amor Fraterno. Essas diretorias estão subordinadas ao grande conselheiro e ao governador espiritual, chamado Julius.

“Mensalmente, ocorre o grande encontro, no qual os diretores, diretoras e auxiliares diretos são orientados por Lourenço e Julius. É nesse dia, ou melhor, nesse evento que são passadas as orientações a todos os departamentos da colônia.

“Esse é, ainda, um dia de muita alegria, pois os reencontros normalmente se dão nessa cerimônia. Os pacientes deixam os setores, prontos para reencontrar seus afins, que estão na colônia ansiosos pela recuperação dos recém-chegados.

“É um dia de muitas lágrimas, mas também de muitos sorrisos. É um grande evento, do qual todos que estão em Amor Fraterno podem participar. Não há distinções na colônia. Todos recebem o mesmo tratamento.

“Lourenço administra Amor Fraterno há mais de 300 anos. Ele substituiu Missel, que, por mérito e após mais de 800 anos administrando os serviços em Amor Fraterno, assumiu outra colônia em uma dimensão superior. Lembrando que os números citados por mim como anos são para efeitos aproximados de cálculos terrenos, já que, na vida espiritual, não se conta tempo, pois o tempo de todos os espíritos é a eternidade.

“Os espíritos não param de evoluir... É bom que lembre-se sempre disso.

"É importante revelar que a dinâmica de trabalho de todas as colônias se assemelha. Então, o que você vê aqui, verá também em quase todas as cidades espirituais. Esse padrão de trabalho e organização foi instituído para facilitar a morada dos espíritos em todas as cidades espirituais.

"Todos os trabalhadores usam uniformes com símbolos diferentes, ficando claro para todos que ali chegam que há uma grande organização em toda a colônia.

"Há períodos de férias e descanso remunerado para todos os trabalhadores. Então, a ideia de que vocês vão descansar na vida eterna é mera ilusão, já que, logo ao chegar, os espíritos percebem que todos estão trabalhando por ideais evolutivos e se motivam a seguir o mesmo caminho.

"O salário é pago com bônus-hora, que, somados ao longo do tempo, possibilitam que os espíritos adquiram permissão para estudar em colônias superiores, buscando acelerar o processo da perfeição, destino de todos os espíritos.

"Como você sabe, há milhares de colônias espirituais espalhadas sobre o orbe terreno. Há colônias corretivas, socorristas, de apoio, de estudo, de instrução, de amparo, de reparação e muito mais.

"Ao desencarnar, os espíritos são separados por vibração espiritual. Ou seja, você irá para onde estiverem seu intelecto e seu caráter. Essa separação é natural na hora do desencarne. Não existe punição para nenhum espírito. O que há é a lei de atração natural que age sobre toda a Criação.

"À medida que o espírito evolui, ele vai sendo atraído para as colônias mais elevadas. Quanto mais evoluído, mais sutil é o seu perispírito. E, sendo mais sutil, é atraído para as colônias superiores, onde vivem apenas espíritos elevados."

– Digo sempre isso em minhas palestras, Nina.

– Essa, Osmar, é a grande descoberta, da qual todos os espíritos se conscientizam ao chegar às cidades espirituais. Vocês precisam se conscientizar de que não são um acaso, de que não estão ao acaso e de que nada lhes acontece por acaso.

– Precisamos ser mais inteligentes, Nina. Isso é o que eu acho.

– Vocês precisam é ser mais pacientes, amorosos e compreensivos com aqueles que ainda não se compreendem como os espíritos eternos que são.

– Amei esta colônia, Nina. Eu já estive em algumas com vocês, mas, confesso, o formato de Amor Fraterno e sua estrutura me encantaram.

– Ela é bonita mesmo. Aliás, gosto de todas. Sou suspeita para falar.

– Nina, eu posso lhe perguntar uma coisa?

– Sim, claro que sim.

– Você tem acesso a muitas colônias espirituais?

– Todas que estão no meu campo vibratório.

– Como assim?

– Somos energias. E é o nosso estado espiritual que nos possibilita muitas coisas por aqui. Lembra que lhe falei que evoluir é aperfeiçoar nosso corpo espiritual; que, quanto mais evoluímos, mais sutil é nosso corpo espiritual; e que, sendo ele sutil, nos permite visitar cidades mais sutis, mais elevadas, além da moralidade e da intelectualidade?

– Sim.

– Quanto mais perfeito o espírito, ele tem mais liberdade na vida espiritual e pode visitar cidades que condizem com sua condição espiritual. Assim, podemos ir a lugares ainda inimagináveis para vocês.

– Agora compreendo por que existe o Umbral.

– O Umbral é uma condensação fluídica das mentes que nele vivem. Se o seu coração é bom, você provavelmente, ao desencarnar, chegará a um lugar que condiz com seu estado espiritual. Assim, será recebido em local semelhante ao que carrega em si.

– Meu Deus, como eu gostaria que todas as pessoas ouvissem isso!

– Estamos fazendo a nossa parte. Faço a minha, e você faz a sua. Nosso trabalho é informar.

– O que fazer com os que não acreditam nisso, Nina?

– Continuar informando. Você já ouviu um ditado que diz: "Água mole em pedra dura, tanto bate até que fura"?

– Sim, já ouvi.

– Então, deixe-me dizer uma coisa para você: a verdade nunca deixará de conscientizar quem com a verdade vive.

– Que lindo, Nina!

– Por onde andar, deixe pegadas verdadeiras, por serem suas atitudes que construirão a estrada que o levará à vida espiritual.

– Sou grato por poder escrever estas linhas, Nina.

– Como sabe, tudo é merecimento. É só não mudar o caminhar. No final, tudo lhe será esclarecido, pois Ele é o caminho, a verdade e a vida.

– Suas palavras me deixam ansioso.

– Ansioso com o quê?

– Ansioso em ir logo para a vida espiritual.

– Mas tem que terminar a tarefa que lhe foi confiada.

– Eu sei. Sei que temos que esperar a nossa hora.

– Ela virá. Não se preocupe com isso. Viva cada segundo como se fosse o último segundo de sua vida, e esse dia chegará.

– Sigo levando meus aprendizados a todos os que consigo atingir. Obrigado, Nina.

– Olhe, venha comigo, vamos à câmara de reparação da consciência.

– Vamos.

Naquele momento, volitamos até o prédio principal.

“

A verdade nunca deixará de conscientizar quem com a verdade vive.

”

Nina Brestonini

A Surpresa

Chegamos em frente ao grande prédio da administração e, ao nos aproximarmos, percebi a presença de Felipe.

Para você que chegou aqui pela primeira vez e não conhece meu trabalho, Felipe é um mentor espiritual que está em quase todas as obras psicografadas por mim ao lado da Nina.

Nosso primeiro encontro foi no livro *Cinco Dias no Umbral*. Recomendo a todos a leitura desse livro, pois mudou minha vida totalmente e continua mudando a vida de muitas pessoas – e também mudará a sua, certamente.

Nós nos aproximamos dele.

– Oi, Nina!

– Oi, Felipe! O que faz aqui?

– Oi, Osmar!

– Que bom revê-lo, Felipe!

– Nina, precisamos ir à Colônia Amor e Caridade imediatamente.

– O que houve?

– Daniel a chama.

– Podemos levar o Osmar?

– Sim, ele pode ir conosco.

– Venha, Osmar. Vamos a Amor e Caridade.

Naquele momento, fomos para a Colônia Espiritual Amor e Caridade. A viagem foi rápida como nunca havia acontecido comigo.

E este livro tem sido de surpresas infinitas.

Ao chegar, fomos direto para a sala de Daniel, que fica no prédio central da colônia.

– Olá, Marques! – disse Nina, chegando à porta da sala de Daniel.

Marques é assessor de Daniel. É ele quem cuida e organiza as tarefas, atendimentos e agenda do nosso amado mentor Frei Daniel.

– Oi, Nina, Osmar e Felipe! Sejam bem-vindos! O Daniel os aguarda.

Após nos cumprimentarmos com gestos, entramos na sala e eu vi o Daniel sentado à sua mesa, fazendo algumas anotações.

Ao perceber nossa presença, o nobre instrutor se colocou de pé para nos receber.

– Olá, Nina! – disse ele, estendendo sua mão direita para cumprimentá-la.

Todos nos cumprimentamos e nos sentamos em cadeiras posicionadas na frente da mesa principal de sua sala.

O ambiente era lindo, com muitos quadros nas paredes, uma pequena fonte ao fundo da grande sala, um oratório e várias plantas.

O perfume daquele lugar é inesquecível.

Muitas vezes, sentimos o cheiro de algo que não está presente fisicamente. Já aconteceu isso com você? É muito comum e se chama mediunidade olfativa.

A mediunidade olfativa é a capacidade de sentir determinados odores que não pertencem ao mundo material. Normalmente acontece em momentos inesperados ou quando o médium se encontra em desdobramento. Trata-se de mais uma forma de comunicação e percepção do mundo espiritual.

Existem alguns aromas muito comuns de sentir, e eles podem significar um aviso. Deixarei aqui alguns desses cheiros ou aromas muito comuns em nosso dia a dia e seus significados.

Preste atenção para aprender. Os cheiros mais comuns de sentir para quem é médium olfativo são:

• cigarro: pode indicar a presença de algum espírito negativo, que está atrapalhando os seus pensamentos e atitudes;

• flores: indicam a presença de algum familiar que já se foi e quer lhe trazer proteção;

• ervas: indicam a presença de espíritos que cuidam de você, para que não se sinta sozinho ou sem apoio. Normalmente são espíritos de caboclos ou pretos velhos;

• mel ou doces: podem indicar a presença de espíritos de crianças, para trazer mais paz e, principalmente, usar seu lado afetivo nas soluções dos seus problemas. São muito comuns quando estamos prestes a obter alguma realização financeira;

• perfume: normalmente remete à presença de novos momentos no amor. São espíritos que estão à sua volta para lhe avisar que suas atitudes precisam ser mais pelo coração;

• charuto: indica a presença de Exus, trazendo proteção para situações de perigo.

Existem outros, mas este não é o livro apropriado para passar esses ensinamentos.

Voltemos ao livro...

– Sejam bem-vindos! – disse Daniel, sentando-se.

Nós nos sentamos para ouvir atentamente o que Daniel tinha a nos falar.

– Nina, tenho acompanhado seu trabalho nesta psicografia e, perdoe-me, gostaria de sugerir uma pequena mudança no roteiro do acompanhamento do que acontece a todos nós quando deixamos a vida corpórea. Se não se importa, eu gostaria que você mostrasse aos leitores as duas faces da moeda.

“Vocês acompanharam o desencarne de Marcelino até o momento em que ele foi recebido em Amor Fraterno. Agora eu gostaria, se possível e se você concordar, que mostrassem o que aconteceu com Paulo.”

– Perfeito, Daniel. Vamos levar nosso escritor para relatar o ocorrido com o Paulo – disse Felipe.

– E você, Nina, o que acha?

– Daniel, pelo que conheço de você, sei que tem muito mais que isso nesse acompanhamento.

– Espero que tudo corra conforme o planejado – disse o mentor.

– Podemos ir?

– Boa viagem! – disse Daniel, levantando-se.

Após mais cumprimentos, deixamos o gabinete do presidente da Colônia Espiritual Amor e Caridade.

– Aonde vamos, Nina?

– Venha, Osmar. Vamos voltar à igreja.

Naquele momento, voltamos no tempo até a igreja, onde encontramos Marcelino e a jovem que ele convidou para ir à sacristia.

Estávamos eu, a Nina e o Felipe. Eu estava muito curioso. Por que Daniel sugeriu uma mudança tão grande nesta psicografia? Quais os objetivos do mentor em pedir que relatássemos o Umbral?

Meus pensamentos estavam a mil por hora. Foi quando Nina, percebendo minha distração, me disse:

– Venha, Osmar.

Rapidamente, voltei ao desdobramento e ao lado dos mentores. Entramos na sacristia e vimos que Marcelino estava sentado de frente para a jovem, segurando-lhe as duas mãos. Ele estava de olhos fechados e fazia uma oração.

Todo o ambiente estava iluminado por luzes de cores variadas.

Alguns espíritos, posicionados ao redor do casal, emanavam energias de cura para a menina.

Foi quando ouvimos um estrondo na porta da sacristia, que não suportou o forte impacto e caiu quebrada no chão. Naquele momento, surgiu a figura de um homem alto e muito forte, que trazia na mão um machado, o qual havia usado para destruir a porta e adentrar o lugar.

– Paulo? – gritou a jovem, surpresa com a presença do homem.

Marcelino, muito assustado, soltou as mãos da jovem e se colocou de pé perto de um pequeno altar onde havia a imagem de Nossa Senhora.

– Paulo, não faça isso.

O homem foi em direção ao padre com ódio no olhar.

– Paulo, pare! – gritou a menina.

Sem pensar ou ouvir os gritos da jovem, o homem, em um só golpe certeiro, esfacelou a cabeça de Marcelino, que caiu ao chão morto.

O sangue se espalhou rapidamente pelo chão, deixando a sacristia totalmente destruída.

Enfurecido, o homem continuava quebrando tudo com golpes de machado.

Desesperada com o que assistia, a jovem deixou o lugar correndo, com as duas mãos na cabeça.

A morte de Marcelino estava consumada.

Após destruir tudo com seu machado, Paulo deixou a igreja e fugiu pela rua principal do pequeno vilarejo.

A fuga não terminou naquela noite. Após se acalmar e se conscientizar do que havia feito, Paulo deixou para trás seu passado ao lado de sua esposa, Emília, seus familiares e seus amigos.

Inconsolável, a jovem Emília buscou o apoio de seus pais, que questionaram os motivos da jovem estar na igreja sozinha com o padre àquela hora.

– Filha, o que você fazia sozinha àquela hora na igreja com o padre?

Em lágrimas, Emília respondeu:

– Eu estava me tratando com o padre. Como todos vocês sabem, eu não consigo engravidar, mãe. E o padre Marcelino foi o único que se dispôs a me ouvir e orar ao meu lado para que Deus me permitisse ter um filho. E olhe o que o Paulo fez, mãe!

– Eu sei, filha. Eu sei que o Paulo perdeu o juízo. Ele não deveria ter feito isso...

– O padre só queria me ajudar, mãe. Coitado...

– Mas vocês deveriam ter feito isso em outro momento, sem ser escondido de todos.

– Mãe, o padre sempre me respeitou. Ele foi quem sugeriu que fizéssemos nossas orações sozinhos. Ele tinha medo de ganhar fama de curandeiro. “Isso não é bom para mim e, muito menos, para a igreja”, é o que ele dizia.

– Que Deus tenha piedade do padre Marcelino!

– Essa tragédia não poderia ter acontecido, mamãe. O padre não merecia isso.

– Deus sabe o que faz, filha.

– E agora, como vai ficar a minha vida? O Paulo será preso, e eu não tenho mais marido e, muito menos, o meu amigo, o padre.

– Acho muito difícil ele ser preso. Ele fugiu. Ninguém sabe seu paradeiro.

– Minha vida acabou, mãe.

– Fique calma, filha. Confiemos em Deus.

– Todos da cidade estão à caça do Paulo. Deus permita que não o achem, pois não havia motivo para ele fazer o que fez com o querido padre e temo a reação da multidão de fiéis que adoravam o padre. E o pior é que as pessoas desta cidade conhecem bem o padre e sabem que ele jamais teria um caso de amor com quem quer que fosse.

– Pois o único idiota foi o seu marido. O tempo se encarregará de ajustar tudo, minha filha.

– Deus a ouça, mãe.

Estávamos eu, Nina e Felipe acompanhando tudo. Foi quando Nina me chamou para o lado de Felipe, naquele momento, nos encaminhamos para uma mata existente no lugar.

– Venham, meninos – disse a mentora.

Nós nos dirigimos à rua principal e adentramos o matagal existente.

Após alguns minutos, chegamos a uma pequena clareira onde havia, no lado esquerdo, uma pequena caverna. Ao lado dessa caverna, eu pude ver uma pequena cachoeira e uma fogueira acesa.

Foi quando vimos o Paulo.

Ele estava sentado na porta da caverna e, ao seu lado, havia alguns espíritos muito negativos.

Vi que a sua aura estava escura e a sua mente, perturbada.

– O que está acontecendo com ele, Nina?

– Ele está muito arrependido do que fez.

– Ele não deveria ter feito aquilo sem conversar antes. Uma atitude covarde e desnecessária. O Marcelino não estava fazendo nada.

– É o que acho também – disse Felipe.

Naquele momento, perturbado pelos espíritos em sua volta, Paulo pegou uma corda e a jogou sobre um galho de árvore ao lado do lugar em que estava.

Meus amigos, o pior aconteceu. Eu não relatarei essa parte. Paulo se suicidou na nossa frente, mas eu não acho certo escrever essa cena.

Fiquei curioso do porquê nossos mentores não fizeram nada. Mas não me permiti perguntar. Como disse, eu sempre espero o desenrolar da cena para ver o final.

Logo que a morte se iniciou, eu pude ver que o ambiente em que Paulo desencarnava era totalmente diferente do ambiente em que pudemos ver o desencarne de Marcelino.

Espíritos das trevas aguardavam ansiosos o desenlace espiritual do corpo de Paulo. Os últimos fluidos exalados do corpo físico de Paulo eram sugados por espíritos das trevas que mais pareciam vampiros, sugando as últimas energias vitais do moribundo pendurado em uma árvore no meio de uma mata densa, em uma noite fria.

Vi com meus próprios olhos quando o espírito de Paulo foi capturado por esses espíritos escuros e levado para dentro do magma da Terra.

– O que está acontecendo aqui, Felipe?

– Quando desencarnar, você será atraído para o lugar que condiz com seu estado espiritual. Esse infeliz irmão, muito apegado à vida material, nunca esteve na igreja, sequer participou de uma missa e não se deu o direito de conhecer o padre Marcelino.

“Embriagado pelo ódio e pelo ciúme, fez o que fez, selando seu futuro espiritual nas profundezas do Umbral.

“Muitos espíritos são chamados à evolução e, pela ignorância e falta de empatia, deixam passar as oportunidades evolutivas, que estão disponíveis em todas as línguas, religiões, lugares e países. A presença dos bons espíritos está em todos os lugares.

"Estamos no Universo para auxiliá-los a evoluir. Essa é a grande missão dos espíritos."

– Felipe, por que vocês não intercederam nesse suicídio?

– Não temos o direito de interferir. Nossa missão é orientar e auxiliar todos os espíritos. Os espíritos são livres, encarnados ou desencarnados. Nem Ele interfere nos processos evolutivos. Se o fizesse, não seria perfeito. E perfeito, tenha certeza, Ele o é.

– Mas, por misericórdia, vocês não poderiam ter interferido?

– A misericórdia é uma virtude divina, e nós ainda não estamos na condição espiritual de divinos.

– Nossa, que ensinamento! Obrigado, Felipe.

– Não agradeça; escreva.

– Deixe comigo.

– Venham – disse Nina.

Naquele momento, deixamos o lugar e fomos direto para o Umbral.

Confesso que fiquei muito impressionado com tudo o que este livro nos tem revelado. Como é perfeita a Lei Maior!

E você está gostando desta psicografia?

“

Se a batalha da vida exige muito de você, sinta-se feliz, pois Deus só exige muito daqueles que têm capacidade de vencer.
Deus não escolhe os capacitados. Deus capacita os escolhidos, e você é o predileto de Deus. Pense nisso...

”

Osmar Barbosa

O Umbral

O Umbral ocupa um espaço invisível, que vai do solo em que vivemos até alguns quilômetros de altura, chegando à nossa atmosfera.

O clima no Umbral é denso e equivale a um estado de tristeza e desespero para nós. A densidade do lugar não permite que entre claridade ali. Quando é dia aqui, poucos raios de sol se atrevem a penetrar nas densas nuvens que cobrem o Umbral.

A impressão que se tem é de que o Umbral é um longo final de tarde, onde as nuvens, muito baixas, se confundem com a névoa que existe no lugar. À noite, não é possível ver as estrelas, e a lua aparece com uma cor avermelhada por entre grossas nuvens – assim como o sol, quando consegue atravessar a densidade daquele lugar.

Há várias cidades no Umbral. Existem cidades grandes, médias e pequenas, onde milhares de espíritos vagam sem perceber seu real estado. Apesar disso, há inteligências que lideram essas cidades. Há, ainda, grupos de nômades e espíritos solitários que habitam pântanos, florestas e abismos. O Umbral é terrível.

A vegetação é variada. Muitas vezes, constituída por pouca variedade de plantas. As árvores são de baixa estatura, com troncos grossos e retorcidos, e de pouca folhagem. As folhas que se atrevem a nascer são negras e murchas.

Existem também áreas desertas, locais rochosos e lugares de vegetação rasteira, composta de ervas e capim – um capim escuro que não temos por aqui. Há, ainda, alguns animais sem uma forma definida.

Nina e Felipe aproveitaram que eu estava muito curioso e me mostraram alguns tipos de animais e aves desprovidos de beleza. Todos eram negros.

No Umbral, eu pude ver algumas montanhas, vales, rios, grutas, cavernas, penhascos, planícies, regiões de pântano e todas as formas que podem ser encontradas na Terra.

Como os espíritos sempre se agrupam por afinidade – igual a todos nós aqui na Terra, ou seja, nos unimos conforme o nosso nível vibracional —, existem inúmeras cidades habitadas por espíritos semelhantes. Algumas cidades se apresentam mais organizadas e limpas do que outras. Mas todas estão sob o céu negro do Umbral. Seres horríveis vagam pelas estradas escuras.

Pode-se perguntar: por que é permitido que exista essa estrutura negativa de tanto sofrimento? Por que Deus permite isso?

Deus nos permite tudo. Ele nos deu o livre-arbítrio. O homem tem total liberdade para fazer tudo de ruim ou tudo de bom. Quando faz ou constrói algo de ruim, você acaba se prejudicando com isso e, gradualmente, com o passar dos anos ou séculos, vai aprendendo que o único caminho para a libertação do sofrimento e a felicidade plena é a prática do bem.

A vida na Terra e no Umbral funciona como grandes escolas, onde aprendemos no amor ou na dor. Ninguém vai para o Umbral por castigo. Ninguém está destinado a esse sofrimento.

A pessoa vai para o lugar que melhor se adapta à sua vibração espiritual no momento do desencarne ou àquilo que carrega dentro de si. Quando deseja melhorar, existe quem ajude. Quando não deseja melhorar, fica no lugar que escolheu.

Todos que sofrem no Umbral são, um dia, resgatados por espíritos do bem e levados para tratamento, para que possam melhorar e viver em planos de vibrações superiores.

Existem muitos que ficam no Umbral por livre e espontânea vontade, aproveitando-se do poder e dos benefícios que acreditam ter em seus mundos. "Tudo se assemelha", me disse Lucas.

Há, no Umbral, várias equipes de socorro. Elas ficam trabalhando nas zonas de sofrimento e nos diversos postos de socorro que existem em cada núcleo do Umbral. Tudo é muito organizado.

Os postos de socorro se encontram espalhados pelas diversas regiões sombrias do Umbral. Esses locais de ajuda, semelhantes a um complexo hospitalar, são normalmente vinculados a uma colônia espiritual de nível superior.

Nos postos de socorro, encontramos espíritos missionários vindos de regiões mais elevadas que trabalham na ajuda aos espíritos que vivem nas cidades e regiões do Umbral e estão à procura de tratamento ou orientação. Alguns precisam de refazimento perispiritual, sendo levados para outras unidades de tratamento, espalhadas pelas colônias espirituais.

Quando o espírito ajudado desperta para a necessidade dc melhorar, crescer e evoluir, é levado para uma colônia, onde é tratado e passa seu tempo estudando e realizando tarefas úteis para si e para o próximo. Quando se sente incomodado e mergulhado em sentimentos como o ódio, a vingança e a revolta, acaba retornando espontaneamente para o lugar de onde saiu. Continuamos sempre com nosso livre-arbítrio.

Tudo é pensamento e atitude. Se tem bons pensamentos e boas atitudes, estará sempre em um bom lugar; ao contrário, atrai aquilo que sente e deseja. É uma região purgatória, como nos explicam os espíritos amigos que trabalham nessa região.

Os postos de socorro não são cidades, mas alguns deles possuem grande dimensão, assemelhando-se a uma pequena cidade no meio do Umbral. Muitos desses postos ficam nas regiões periféricas e alguns se encontram nas cidades do Umbral. Vistos à distância, são pontos de luz e de beleza no meio do panorama triste, escuro, frio e nebuloso que compõe as paisagens naturais do Umbral.

Os postos de socorro são constantemente procurados por pessoas desesperadas e perdidas no Umbral, querendo abrigo e ajuda.

Felipe me disse que os espíritos que vivem no Umbral continuam muito ligados ao mundo material. Por isso, sofrem ali.

Alguns dos postos de socorro ficam em uma região transitória entre a Terra e o Umbral – sendo muito próxima do Umbral. Esse lugar é chamado de transição. Uma colônia, assim podemos dizer. Esses postos são destinados a socorrer e orientar espíritos recém-desencarnados.

Pessoas que acabam de morrer costumam ficar totalmente desorientadas. Muitas não sabem que estão mortas. É fácil imaginar o sentimento horrível e a loucura que uma pessoa nessa situação pode passar. Esses postos estão localizados no mundo invisível exatamente no mesmo local onde estão hospitais, cemitérios, sanatórios, presídios, igrejas, centros espíritas etc. É nesses locais onde se pode encontrar o espírito de pessoas que acabam de desencarnar ou que estão procurando por algum tipo de ajuda.

São construções energéticas que, para os espíritos naquela frequência, são tão sólidas quanto os objetos desta nossa dimensão terrestre.

Os espíritos mais sutis atravessam esses ambientes porque são mais rarefeitos. Mas, naquela dimensão, para quem está lá, os objetos são tão densos quanto os daqui são para nós. A pessoa se vê num ambiente propício para a recepção de recém-desencarnados, onde o que sobrou do cordão de prata é, então, rompido.

A pessoa acorda num hospital extrafísico após a morte, não porque esteja doente, mas para romper essa conexão. Esses hospitais são locais de transição. Desse lugar, ela passa para a dimensão correspondente ao seu nível. Os laços, após desfeitos, libertam o espírito para seguir seu destino.

Nossos pensamentos e emoções se plasmam energeticamente em nossa aura, em nosso corpo perispiritual. Assim, nós somos a somatória do que pensamos, sentimos e fazemos durante a vida.

A cada noite, quando nos desprendemos para fora do corpo físico, o corpo espiritual carrega a vibração de tudo que ocorreu naquele dia. Na hora da morte, a vibração do corpo espiritual – ou seja, do nosso perispírito – é a soma de tudo que você pensou, sentiu e fez durante uma vida inteira.

Pode-se dizer que cada pessoa que desencarna carrega um campo vital contendo tudo o que ela é, como resultado de tudo o que desenvolveu e fez em vida. Quem tem uma vibração "x" no corpo espiritual, após a morte, é atraído para o plano extrafísico de uma dimensão "x", compatível com a vibração que porta.

O plano espiritual é dividido em subdimensões.

Muitos o dividem em sete níveis; outros, em três.

Aqueles que o dividem em três o fazem da seguinte maneira: plano astral denso, plano astral médio e plano astral superior.

No denso, estão as pessoas complicadas – é o chamado Umbral, o inferno. O plano astral superior é o paraíso do Espiritismo. E o plano astral médio é onde se encontram as pessoas mais ou menos, ou seja, iguais a nós. Em outras palavras, a maioria.

E o lugar que os espíritas chamam de Umbral?

A palavra "umbral" significa "muro", e é a divisória entre o plano terrestre e o plano astral mais avançado.

É uma divisória vibracional, onde quem tem o corpo espiritual denso não atravessa, funcionando como uma peneira vibracional.

Uma vez, Nina me disse que "inferno e paraíso são portáteis"; você os carrega dentro de si. Se estiver bem, o paraíso está dentro de você. Quando sai do corpo nessa condição, você é atraído automaticamente por uma vibração semelhante à que existe em seu interior. A passagem para o paraíso está em nós. E o inferno é o mesmo; é um estado íntimo.

Veja uma pessoa cheia de autoculpa e compare com aquela imagem clássica do diabo colocando alguém na caldeira e espetando-o. A autoculpa espeta mais do que qualquer diabo, porque nem é preciso o inferno vir de fora – ele já está dentro, e o diabo é você mesmo. Nosso paraíso é portátil, pois o levamos em nós mesmos.

O Umbral é uma região muito pesada, porque reflete o estado íntimo de quem lá está. Há lugares que lembram abismos, cavernas escuras, tudo exteriorizado do subconsciente dos espíritos, como formas mentais. Quando você olha no fundo desses abismos, vê que estão cheios de espíritos, mas eles não voam – são densos.

Pode-se encontrar favelas e cidades medievais no plano espiritual. Os espíritos vivem presos a formas mentais das quais, muitas vezes, têm dificuldades de escapar. São esses espíritos que os seres evoluídos buscam ajudar nessas dimensões.

O uso indevido da mediunidade atrai automaticamente o médium falido a esse ambiente, onde o sofrimento é instrumento de acerto dos atos praticados com o mau uso do dom divino.

Há relatos de médiuns que ficaram presos ao Umbral por séculos. Portanto, todo médium deve ter conhecimento sobre essa região, tão próxima daqueles que se relacionam com a Espiritualidade, seja onde for.

– Que lugar horroroso, Nina.

– Também acho.

Felipe se aproximou e disse:

– Vivi por um longo período aqui, e sei que estar aqui não é nada agradável.

– Posso lhe falar uma coisa, Felipe?

– Claro, Osmar.

– Muitas pessoas me perguntam até hoje, por que você ficou tanto tempo no Umbral? Quais os reais motivos que o aprisionaram no Umbral?

– Na verdade, eu tinha uma dívida com a minha mãe naquela encarnação. Encarnamos juntos para ajustes finais. Assim, tive que esperá-la no Umbral para o nosso último ajuste.

– E vocês terminaram os ajustes?

– Como disse, sim, terminamos. Foi nossa última encarnação juntos.

– E onde ela está agora? Qual a relação de vocês atualmente?

– Osmar, mãe nunca deixa de ser mãe. A encarnação de uma mãe é sempre especial e inesquecível. Os laços de amor entre esses espíritos se estreitam de tal forma que nunca mais se desfazem. Ela está conosco em Amor e Caridade e trabalha na Vila, local que você já conhece.

– Sim, estive na Vila com Nina na psicografia do livro *Colônia Espiritual Amor e Caridade – Dias de Luz*.

Então, Nina nos interrompeu, afirmando:

– Osmar, quando dois ou mais espíritos têm muitas dificuldades de se amarem, eles normalmente encarnam juntos como mãe e filho ou pai e filha, para, dessa forma, ajustarem o sentimento que enobrece os espíritos. Não pense nem alimente o ódio por quem quer que seja, porque talvez seja necessário que seu inimigo se torne sua mãe ou seu pai. Juntos, em provas muitas vezes extremamente difíceis e dolorosas, esses espíritos conquistam o ato de amarem-se mutuamente. Somente amando reciprocamente é que todos os espíritos evoluem.

– Nossa, eu não havia pensado nisso...

– É o amor a base da evolução, meu amigo.

– Obrigado, Felipe.

– Agora vamos ao Vale dos Suicidas. É lá que se encontra Paulo.

Caminhamos por mais algum tempo no tenebroso Umbral, até que chegamos ao portal espiritual que separa o Vale dos Suicidas das demais regiões.

– Felipe, eu posso lhe perguntar uma coisa?

– Sim, fique à vontade.

– Por que existe esse portal em formato redondo, com as laterais em chamas?

– Os portais, Osmar, existem para separar as dimensões espirituais. Eles foram criados para proteger quem está dentro e para barrar aqueles que nele não podem entrar.

– Quer dizer que funcionam como portas? É isso?

– Por isso o nome portal.

– Entendi. Mas por que vocês conseguem entrar, se não são daqui e seus corpos espirituais não condizem com esse ambiente?

– As conquistas espirituais são os atributos que nos permitem entrar em diversas cidades na vida espiritual, como já lhe falamos – disse Nina, entrando em nossa conversa.

– Sim, claro. Perdoe-me, Nina, por fazer essa pergunta.

– Quanto mais evoluído o espírito, mais possibilidades ele tem na vida espiritual. O que nos condiciona a visitar familiares em cidades distantes, auxiliar amigos que padecem nas regiões de sofrimento e amparar os necessitados terrenos são nossas conquistas espirituais. Não só aquelas que conquistamos aqui, mas principalmente as que conquistamos nas encarnações.

– É bom que todos leiam isso.

– Também acho – disse Felipe, sorrindo para mim.

Adentramos o Vale dos Suicidas e caminhamos por algum tempo, até que chegamos a uma clareira enorme.

– Osmar, daqui por diante teremos que ter mais cuidado.

– Por que, Felipe?

– Olhe para o chão.

Assustado, eu percebi estarmos, na verdade, em um grande lamaçal.

– Meu Deus, quanta lama!

– Tenha cuidado em quem vai pisar.

Ainda mais assustado, comecei a olhar para o chão com mais atenção. Foi quando percebi haver vários corpos semienterrados na lama.

Aquilo me assustou muito.

– Esses irmãos estão mortos?

Nina olhou para mim carinhosamente e disse:

– A morte é um acontecimento biológico ao qual todos os encarnados estão intrinsecamente condicionados. O estado mental desses infelizes irmãos os atraiu para essa condição em que se encontram. Na verdade, são eles os culpados por estarem aqui. Suas atitudes, escolhas e crenças os colocaram nessa condição.

– E por que eles não acordam e se levantam?

– Seu estado consciencial de espírito eterno não existe. Em suas mentes, eles se sentem mortos após passarem pela experiência do desenlace. Afinal, todos assistem e sentem a morte física. Tudo é consciência e energia. Se você se sente morto, morto estará. Porém, se, em algum momento existencial, souber o que é em essência e tiver cuidado de sua essência espiritual, dificilmente você ficará assim, inerte, morto por dentro e por fora.

– Qual é o destino desses espíritos, Nina?

– Um dia, todos esses que você vê enterrados aqui serão acordados e socorridos. O amor está presente em tudo, Osmar.

– E esse socorro demora?

– Como já lhe dissemos diversas vezes, tudo na vida espiritual é merecimento. Nada aqui está à venda. E o fato de você ter riquezas terrenas, ser famoso ou ter possuído poder quando estava encarnado não o qualifica para um acolhimento diferenciado. Para que você seja acordado em condições normais de um espírito em evolução, é necessário merecimento. Não esqueça isto: merecimento.

– De qualquer forma, me tranquiliza saber que, um dia, todos esses infelizes irmãos serão socorridos.

– O problema, Osmar, é quanto tempo isso levará – disse Felipe, advertindo-me.

– Em média, quanto tempo demora, Felipe?

– De anos a séculos.

– Eles passam séculos enterrados na lama?

– Muito séculos, Osmar.

– Meu Deus!

– Ele mesmo é que nos possibilita esta comunicação, que servirá de instrução a todos os espíritos que lerão estas linhas e, então, terão por obrigação alertar aqueles que amam para não cometerem o mesmo erro e se livrarem de viver por séculos nos frios lamaçais do Umbral.

– Estamos fazendo a nossa parte, Felipe.

– Seja esse instrumento.

– Faço o melhor de mim.

– Venha – disse Nina, levando-nos a um pequeno relevo que existia no meio daquele lamaçal.

Subimos e começamos a olhar ao redor. Parecia que eles procuravam por alguém.

Após alguns minutos, Felipe nos alertou:

– Olhem! Lá está ele!

Olhei para a parte de baixo e reconheci Paulo pela roupa. Ele estava deitado com a cabeça enterrada na lama.

Naquele momento, alguns socorristas se aproximaram de nós.

– Olá, Nina e Felipe.

– Oi, Guimas – disse Nina.

– Como vai, meu amigo? – disse Felipe, abraçando o rapaz que se aproximara de nós.

Ao seu lado, havia mais dois rapazes que nada disseram, apenas nos cumprimentaram com um gesto de cabeça. Estranhei um pouco as roupas daqueles auxiliares. Parecia que eram índios.

Pude observar que eles traziam na mão uma pequena maca, dessas que se dobram ao meio. Imaginei que Paulo seria transportado por eles para algum lugar.

– Podemos pegá-lo, Nina?

– Sim, Guimas, me faça o favor.

– Vamos pegá-lo e levá-lo para o outro lamaçal. Encontro com vocês lá.

– Certo, iremos esperá-lo lá – disse Felipe.

– Venha, Osmar. Vamos...

Saímos daquele lugar e nos dirigimos por uma trilha pela qual, me lembrei, já havia passado quando escrevi o livro *O Diário de um Suicida*.

Nada comentei com Nina e Felipe, à espera de novas instruções.

Calado estava; mudo permaneci, enquanto caminhava ao lado deles pela estreita trilha do Umbral.

“

Nossas atitudes nos transformam quando estamos encarnados ou desencarnados.

”

Osmar Barbosa

O Resultado das Escolhas

Estávamos caminhando juntos, até que encontramos uma caverna à direita da trilha escura do Umbral.

– Está cansado, Osmar?

– Não, Nina.

– Acho que devemos parar aqui e esperar um pouco – disse Felipe.

– Algo perigoso? – perguntei.

Nina olhou para Felipe como se escondessem algum segredo.

– Vamos descansar um pouco – disse a mentora.

A princípio, estranhei aquela atitude, mas logo compreendi o que eles queriam realmente de mim naquele dia.

Passados poucos minutos, uma forte e torrencial chuva caiu sobre o lugar.

Nós nos abrigamos no interior da pequena caverna.

Raios e trovões ecoavam no tenebroso Umbral.

Foi nesse momento que ouvimos passos do lado de fora da caverna. A chuva só aumentava, e eu estava muito assustado e preocupado com o que poderia nos acontecer.

Era um estrondo atrás do outro. Felipe havia improvisado uma pequena fogueira para nos aquecer. Quando desdobrado, consigo sentir calor e frio nos ambientes em que sou levado pelos mentores.

Nas pessoas encarnadas, as sensações são frutos dos órgãos dos sentidos. Os olhos são uma espécie de transdutores de luz, que transformam as ondas luminosas de certa faixa de frequências em impulsos nervosos. Os ouvidos fazem o mesmo com as ondas sonoras. O paladar e o olfato transformam os sabores e odores. O tato transforma sensações de frio e calor, pressões sobre o corpo e movimentos. O sistema nervoso leva os impulsos ao cérebro.

A teoria espírita entende que, no caso dos encarnados, esses impulsos são processados pelo espírito, através do perispírito. Assim, determinados médiuns em desdobramento sentem calor, frio, fome etc.

Felipe correu e apagou a fogueira. A princípio, eu não entendi por que ele fez aquilo, já que era a luz fraca da fogueira que nos mantinha despertos naquele lugar.

Estávamos trancados e sufocados pela fumaça da fogueira apagada, quando Felipe ordenou que nos deitássemos próximos uns dos outros para a nossa proteção.

– Deitem-se! Deitem-se! Eles não podem nos ver...

Estávamos apavorados! Eles quem? O que estava acontecendo?

Então, Felipe se deitou na entrada da caverna, em uma posição na qual podia ver o que acontecia do lado de fora. Foi quando eu me arrastei lentamente e me posicionei ao lado dele para também ver o que acontecia. Ele olhou para mim e não disse nada. Apenas me pediu silêncio com o dedo indicador na frente dos lábios.

De repente, pude ver uma caravana de espíritos muito poderosos se aproximar. Eles estavam em abundância. À frente do enorme grupo, havia cinco homens montados em búfalos negros e altos. Os animais rosnavam como se sentissem dor.

Atrás desse primeiro pelotão, vinha alguém que parecia ser o líder deles. Ele estava sentado em um enorme elefante, também de coloração escura. Mais para trás, outro pelotão e, no meio desse enorme grupo de soldados, vários espíritos acorrentados pelo pescoço. Eles estavam em péssimas condições. Certamente haviam sido capturados por esse grupo horroroso, guiado por um líder maldoso.

Acho que havia uns 100 prisioneiros ali. Olhei para Felipe como se fosse perguntar alguma coisa, mas ele colocou novamente o dedo indicador sobre os lábios, sinalizando para que eu ficasse em silêncio.

A caravana passava lentamente. Ouvíamos o ranger das rodas das carroças, que eram puxadas por uma espécie de búfalo ou animal pré-histórico semelhante. Em cima dessas carroças, havia algumas mulheres seminuas, com cabelos longos e chapéus estranhos.

Olhei para trás na intenção de alertar Nina para que não fizesse barulho, mas ela estava sentada quieta, olhando fixamente para nós.

Demorou muito tempo até que todos eles passassem.

Felipe se levantou e, então, ordenou que nos preparássemos para sair.

– Precisamos ir.

Ficamos em pé na porta da caverna, esperando pelas ordens de Felipe para sair o mais rápido possível daquele lugar.

– Venham! – disse ele, descendo o pequeno relevo que nos separava da estrada.

Começamos a caminhar pelo Vale. A cada passo, eu ficava mais preocupado com aquele lugar. Nos rochedos, ao lado da estrada, víamos mais de uma centena de espíritos dependurados, ou melhor, enforcados. Todos eles estavam sem vida alguma. E, nas madeiras que sustentavam as cordas, tinha dezenas de urubus pousados.

– Felipe?

– Sim.

– Por que tantos espíritos enforcados?

– Porque eles se enforcaram. É por isso que estão assim.

– Como assim?

– Eles morreram como alguns de vocês morrem. Usaram da forca para tirar a própria vida. E agora permanecem assim até que alguém decida tirá-los dali ou que mereçam ser poupados desse sofrimento.

– São suicidas?

– Sim.

– Que Vale é esse onde estamos chegando?

– É o Vale dos Suicidas.

– Quanto tempo demora para que alguém socorra esses espíritos?

– Depende de cada um. Há casos que podem demorar anos, muitos anos, centenas de anos ou até milênios. Tudo depende da condição espiritual, e ela é particular de cada espírito.

– Não entendi, Felipe. Perdoe-me.

– O que você não entendeu?

– O suicida fica preso aqui por milênios, sem que ninguém o ajude? Seus entes queridos na vida espiritual nada podem fazer?

– Cada caso é um caso. Cada um colhe aqui os frutos da semeadura terrena. Se mata alguém, será morto por outro alguém. Se comete suicídio, será excomungado por todos que desejam a vida e não a têm. Não pense você que um suicida será beneficiado por ancestrais se não houver permissão e merecimento. E olhe que o pior que temos para mostrar para você ainda nem começou.

– Será que há algo pior do que ficar sendo comido lentamente por urubus espirituais aqui no Umbral?

– Venham, vamos continuar – disse ele, acelerando o passo e distanciando-se de nós.

Eu e Nina continuamos a caminhada, seguindo Felipe pelas escuras e enlameadas ruas do Umbral.

Podíamos observar enforcados por longos quilômetros, e todos eles na companhia dos urubus.

Mulheres, homens, jovens e até crianças serviam de vitrine para nós, que passávamos pela estrada escura. No final da caminhada, havia uma trilha bem estreita. Foi quando Felipe parou e pediu que parássemos também. Então, ele disse:

– Daqui em diante, você vai precisar ser forte, Osmar. O que mostraremos agora não tem por objetivo assustá-lo, mas sim informar a todos os dois lados da continuidade após o desenlace espiritual. Siga exatamente a orientação que vou lhe passar agora. E anote tudo nos mínimos detalhes, para que todos tenham conhecimento das consequências por atitudes destrutivas e imorais tomadas nas múltiplas encarnações. Também mostraremos ainda nesta obra a colheita na vida espiritual. Aliás, esse é o objetivo maior deste livro. Poderíamos mostrar somente um lado, mas achamos justo mostrar a verdade como ela é.

Eu olhava atentamente para ele.

– Concordo plenamente com vocês – disse.

– A trilha estreita à frente nos levará ao outro lado do Vale, nosso destino. Aqui estão enterrados assassinos, homicidas, pedófilos, maníacos e toda espécie de espíritos ruins. Você não deve dar ouvidos ao que eles dizem ou pedem. São espíritos muito sábios e, caso você se deixe levar pela conversa deles, acordará enterrado assim como eles, ou até mesmo ao lado deles. Preste muita atenção às minhas orientações e me siga sem olhar para baixo ou para trás. Olhe sempre para a frente e não desvie o olhar, entendeu?

– Entendi – respondi.

Adentramos a trilha e Nina seguia atrás de mim.

– Nina, fique atenta nesta travessia, por ser perigosa e importante para chegarmos ao nosso destino.

– Fique tranquilo, Felipe – disse a mentora.

Olhei para Nina e Felipe assustado e temeroso com aquele lugar. O que nos esperava naquela trilha? Vi que seria muito difícil passar por ali. O lugar era escuro e a trilha à nossa frente, muito estreita.

– Não tem outro caminho, Felipe?

– Não, esse é o único caminho que nos levará ao outro lado. Não se preocupe! Basta seguir minhas orientações, que logo chegaremos ao nosso destino. Preciso alertá-lo, Osmar, de que, caso você caia na lama, eu não vou voltar para pegá-lo. E, caso você dê ouvidos a esses infelizes, nada poderei fazer para ajudar, entendeu?

– Entendi. Pode ficar tranquilo, Felipe. Eu não darei ouvidos a quem quer que apareça para mim.

Nós nos posicionamos em fila para atravessar o lamaçal.

A trilha era bem estreita, como disse, e corríamos um sério risco de cair ao atravessá-la. Por isso, demos as mãos uns aos outros para evitar um acidente. Foi quando vi a coisa mais horrorosa que um médium em desdobramento pode ver.

Homens, mulheres, jovens... todos estavam enterrados até o pescoço. Era possível ver praticamente só o rosto deles, e não era um grupo pequeno. Eram milhares de corpos enterrados, enlameados e sujos.

Então, vi que Paulo, que havia sido resgatado do outro lamaçal, estava ali enterrado até o pescoço.

Foi quando paramos de caminhar. Afinal, eu estava muito assustado e sem entender por que ele havia sido tirado de um lugar e trazido para outro ainda pior.

Estávamos ali parados na trilha, no lamaçal. Várias cabeças começaram a perceber a nossa presença e a nos pedir socorro. Alguns gemiam e outros resmungavam palavras que não conseguíamos entender.

– Ei, me tirem daqui, por favor! – disse uma mulher.

– Olhe só os bonitinhos... – disse um rapaz.

– Vocês não vão conseguir – disse um homem.

– Me ajudem! – disse uma menina.

– Me tirem daqui! – disse um senhor de idade bem avançada.

Todos começaram a falar ao mesmo tempo. Era um burburinho tamanho. Uns fingiam ser crianças em apuros e nos pediam para tirá-los dali. Outros usavam de sensualidade para tentar nos persuadir.

Foi quando Felipe, que estava próximo à Nina, disse:

– Fique calma. Eles estão colhendo o fruto da semeadura terrena, Nina, e é preciso mostrar o outro lado para todos.

Então, percebi que Nina estava chorando.

Estávamos todos com muito medo. Afinal, o que nos distanciava daquela legião de enterrados era apenas uma trilha estreita e arenosa.

– Não fique assim, Nina – disse.

Ela me olhou carinhosamente e nada disse. Continuamos a caminhar lentamente, com muito cuidado. As vozes imploravam por socorro, mas procurávamos não dar ouvidos e seguíamos de mãos dadas, na esperança de alcançar logo o final da trilha.

Caminhamos por um longo período, e confesso que nunca havia imaginado nada igual ao que vi naquele dia.

Imaginem ficar enterrado em um pântano de lama preta até o pescoço, sem sequer conseguir mexer um dedo para se salvar...

Imaginem o que passam esses espíritos...

Após muita dor, lamento e sofrimento, finalmente chegamos ao outro lado. Havia um pouco de claridade bem distante no final da trilha.

– Olhem, há luz à frente! – disse, animado.

– Graças a Deus! – exclamou Nina.

– Será que chegamos a alguma cidade? – perguntei.

– É um posto de socorro – respondeu Felipe.

– Tem pessoas lá?

– Temos alguns amigos nos esperando.

– Graças a Deus, um pouco de paz e luz! – disse Nina.

– Então, vamos logo! – disse e me apressei, desejoso de me afastar rapidamente daquele lugar.

– Antes de continuarmos, quero que você, Osmar, transcreva tudo em detalhes e guarde muito bem na sua memória tudo o que viu durante a travessia desse pântano escuro. Esses infelizes enterrados até o pescoço são espíritos que, por falta total de empatia, transgrediram todas as Leis Naturais e imutáveis que regem os universos.

“Essas Leis estão intrínsecas em todos os planetas habitados. E todas as dimensões espirituais, sejam elas superiores ou inferiores, seguem dentro desse padrão vibratório, no qual tudo se pode, até que se consiga receber aquilo que fizeram.

“Assim, esses infelizes pagam a duras penas o que fizeram aos seus semelhantes enquanto encarnados. Há, entre eles, suicidas. Esse tipo de suicida é aquele que mata alguém e, depois, tira a própria vida. Ficam aí enterrados por séculos, até que seus corpos espirituais se desintegrem e se tornem ovoides.

"Vou levá-lo para que você possa assistir ao resgate de um ovoide. Assim, todos entenderão a gravidade do ato de se suicidar ou de assassinar algum inocente."

– Foi por assassinar o padre que Paulo foi levado para esse lugar? – perguntei.

– Exatamente. O fato de ter feito o que fez nessa última encarnação, somado ao que ele vem fazendo durante um bom tempo em outras oportunidades, o qualificou para, neste momento, ser enterrado no Vale.

– E quanto tempo ele permanecerá enterrado?

– Não sei precisar, mas acredito que um bom tempo.

– Coitado.

– Como assim, coitado, Osmar?

– Eu acho sinceramente que, embora ele tenha feito o que fez, ninguém merece ficar enterrado na lama.

– Colheita, Osmar… colheita.

– Vou orar a Deus que alguém socorra o Paulo.

– Ele será assistido no momento certo. Fique tranquilo – disse Nina com carinho, olhando fixamente para mim.

– Vamos continuar. Estamos próximos do nosso objetivo – disse Felipe.

Ao lado do final da trilha, havia um pequeno relevo na estrada, com uns três metros de altura.

– Venham – disse Felipe, convidando-nos a sentar no alto desse pequeno monte.

Nós nos sentamos e ficamos à espera dos próximos acontecimentos.

Felipe se sentou ao meu lado.

Nina estava mais calma e sentou-se ao lado de Felipe.

– Olhe agora, Osmar, com muita atenção o que irei lhe mostrar.

Naquele momento, percebi vir em nossa direção outra caravana de espíritos, todos vestidos de branco. Pensei logo que eram anjos que vinham nos buscar, mas não era nada disso. Eles passaram por nós sem nem sequer notar a nossa presença.

Eram seis espíritos no total. Quatro mulheres e dois homens. Então, os homens pegaram um puçá de diâmetro grande e o mergulharam no lamaçal, como se tentassem pescar algo que estava no meio da lama.

Vi quando eles pescaram dois ovos brancos. Os ovos tinham, aproximadamente, o diâmetro de um crânio humano. Após pegar os ovos e os colocar em uma sacola, todos deixaram o lugar sem olhar para nós ou, ao menos, nos cumprimentar. Nada de anormal até aí. Então, Felipe se colocou de pé à minha frente e começou a me explicar o que havíamos acabado de ver.

– Você viu, Osmar?

– Sim, eu pude ver que eles retiraram da lama alguns ovos.

– Chamamos isso de ovoides.

– Ovoides?

– Sim. Chamamos de ovoide a condição em que o espírito é capaz de se transformar através das repetidas práticas malignas ou dos repetidos suicídios.

– Meu Deus!

– O corpo espiritual, Osmar, este no qual os espíritos se apresentam aqui e agora, o perispírito, é transformável e perecível. A encarnação é um instrumento misericordioso e divino, na qual todo espírito tem oportunidades infinitas de se aperfeiçoar. Quando o espírito abusa das oportunidades, insistindo na prática do mal, ele se liga às piores energias que o envolvem, provocando, assim, os desgastes naturais, até que se chegue à forma de ovoide.

– Mas qual é a finalidade de Deus em permitir que Seus filhos sejam transformados em ovoides, Felipe?

– Não é Deus quem faz isso, e sim a transgressão às Leis Naturais. Você mesmo provoca o desgaste do seu corpo espiritual, do seu perispírito, a tal ponto que ele se desintegra e até mesmo deixa de existir.

– Nós é que fazemos isso?

– Sim. Como disse, através da insistência em fazer o mal, você destrói todas as conquistas espirituais alcançadas nas experiências anteriores, desintegrando tudo o que conseguiu de melhor para você. Por suicídios contínuos, crimes, assassinatos e uso abusivo de drogas e de tudo aquilo que contraria a Lei, o corpo espiritual (perispírito) perde a forma, tornando-se um ovoide. E, ao se transformar, começa novamente sua jornada evolutiva, na esperança de, através das encarnações e das conquistas espirituais, formar mais uma vez um corpo sadio para poder adentrar os planos superiores da Criação. Olhe para os nossos corpos, Osmar. Eles estão como eram quando estavam encarnados?

– Não. O meu é mais fraco, já o de vocês é brilhante e reluzente.

– Toda vez que faz mal a alguém e pratica atos destrutivos ou que contrariam as Leis Divinas e Naturais, você destrói um pouco de suas conquistas.

– Não há saída, Felipe?

– Se você conquistar o perdão sincero daquele que feriu ou ao qual fez muito mal, seu corpo provavelmente se modificará e até poderá ser melhorado pelos irmãos superiores que, vez ou outra, vêm a esta região para socorrer ou resgatar os infelizes irmãos que se encontram aqui, como você pode ver.

– E como conseguir o perdão? – perguntei.

– Vamos tratar desse assunto quando chegarmos ao nosso destino. Agora, aprendamos mais sobre os irmãos enterrados vivos aqui.

– Está bem. O que acontece agora com esse ovo? – perguntei, na esperança de ouvir mais instruções de Felipe e Nina.

– Excelente pergunta! – disse Nina, entrando em nossa conversa. – Quando um espírito adquire a forma de ovoide, Osmar, certamente é porque ele perdeu todas as formas conquistadas nas encarnações que teve, como disse o Felipe há pouco. Mas vou me aprofundar mais nesse ensinamento, para que todos os leitores possam compreender.

"Somos uma somatória de corpos. Quanto mais evoluído é o espírito, mais sutil é o seu corpo espiritual. E, quanto mais sutil é o corpo espiritual, mais acesso o espírito tem aos planos superiores. O mesmo ocorre ao contrário, como você está vendo agora e como já relatei anteriormente.

"Regredir à forma ovoide significa recomeçar, começar do zero. Assim como tudo que nasce, nascerá por um ovo. Inclusive, quando precisou reencarnar, você nasceu de um útero, que é semelhante a um ovo."

– Quer dizer que, quando um espírito chega a esse ponto, ele tem que começar do zero?

– Exatamente. Renascerá em planetas primitivos, onde sequer terá a consciência de que é um espírito. Terá que refazer o caminho natural de todos os espíritos: passar pela forma mineral, vegetal, animal e, por fim, hominal, na qual o espírito adquire o livre-arbítrio, o pensamento contínuo e a razão.

– Você poderia nos explicar melhor isso, Nina?

– Claro. O espírito é criado simples e ignorante, e é através das encarnações nesses reinos que ele vai moldando a forma perispiritual. No reino mineral, adquirimos a atração; no reino vegetal, a sensação; no reino animal, o instinto; e no reino hominal, como disse, o livre-arbítrio, o pensamento contínuo e a razão. Aí começamos a melhorar o nosso corpo perispiritual através de nossos atos, atitudes e pensamentos, ao ponto de torná-lo sutil. E, quando o corpo atingir esse estágio (sutil), poderemos viver nas cidades superiores, pois, quanto mais sutil for o perispírito, mais elevadas serão as cidades nas quais teremos permissão para viver.

– Nossa, que interessante! – disse.

– É assim que todos os espíritos evoluem – assegurou-nos o instrutor Felipe.

– Obrigado por seus ensinamentos, Nina e Felipe.

– Nós, Osmar, é que agradecemos, em nome de todos da Espiritualidade, a oportunidade destas linhas – disse Nina, carinhosamente.

– Agora precisamos voltar para o prédio central na Colônia Amor Fraterno – disse Felipe.

– O que faremos lá? – perguntei.

– Está na hora de Marcelino ser conscientizado.

– Vamos, pessoal! – disse, animado em aprender mais com meus amigos mentores de Amor e Caridade.

Começamos a caminhar.

Eu estava feliz com tudo o que estava aprendendo até aquele momento. As coisas começavam a fazer sentido dentro de mim.

Olhei para Nina e sorri.

E ela me retribuiu o sorriso.

Estávamos confiantes e felizes. Rapidamente, chegamos à Colônia Espiritual Amor Fraterno.

"

A vida espiritual pode até parecer uma utopia, mas, tenham certeza, ela é uma realidade.

"

Osmar Barbosa

Câmara de Reparação Perispiritual

Adentramos novamente aquele enorme prédio na parte central da colônia e, para a minha surpresa, quando Felipe abriu a porta, o lugar estava lotado de espíritos.

A maioria dos espíritos que ali estavam aguardavam atendimento. Médicos, enfermeiros e auxiliares transitavam pelo local com muita naturalidade, sem sequer olhar para mim.

Alguns cumprimentaram Nina e Felipe com olhares e sorrisos, mas nada mais que isso.

– Venha, Osmar – disse Nina, seguindo à nossa frente.

Felipe seguiu atrás dela, e eu caminhava como o último da fila.

O corredor parecia infinito. Eu podia ler as placas colocadas no meio das portas, enumerando aquelas salas.

Paramos em frente à sala de número 20.

Felipe olhou fixamente para mim e disse:

– Você está preparado?

– Sim, acho que estou pronto.

– Venha – disse ele, abrindo a porta da sala 20.

A luz intensa de cor verde que havia em todo o ambiente quase me cegou a visão.

Eu não consegui contar quantos leitos havia. Mas eram muitos.

Todos os leitos estavam ocupados por pacientes em cápsulas que os mantinham dormindo.

Caminhamos até o leito em que estava Marcelino.

Paramos muito próximos a ele. Foi quando Nina disse:

– Aqui está nosso irmão Marcelino. Como você pode ver, ele está sendo assistido pelos enfermeiros do amor. Nessa câmara, ele recebe o refazimento perispiritual. A maioria dos espíritos que chegam aqui precisam desse tratamento. O perispírito é sutil e sofre pequenas lesões após os longos tratamentos médicos, como foi o caso do nosso irmão. Essas terapias causam lesões que precisam ser reparadas antes de nossos irmãos seguirem para as próximas fases.

– Quais são as próximas fases?

– Aqui mesmo, após o perispírito estar totalmente recuperado, ele passa pela reparação da consciência. E depois é transferido para outro setor, que chamamos de esclarecimento e conscientização. Dependendo de sua programação, ele será levado a outros setores também. Os espíritos que chegam aqui não recebem os mesmos tratamentos, pois todos estão em situação evolutiva diferente.

– Entendo. Mas por que quem sofre com longos tratamentos sofre essas lesões que precisam ser reparadas?

– O perispírito é um corpo fluídico que, ao contato com determinadas substâncias, sofre lesões. Isso é muito comum. Não estranhe.

"Todas as colônias espirituais têm hospitais que tratam esse problema. Não é nada que os fluidos aqui existentes não consigam refazer.

"Marcelino sofreu muito e passou por um longo processo de tentativas de reanimá-lo. Além disso, os médicos recorreram a medicamentos danosos a determinados perispíritos. Daí a necessidade do refazimento."

– Eu compreendo, Nina. Mas você poderia nos explicar, ou falar mais para nós, sobre o nosso perispírito?

– O perispírito, ou corpo fluídico, de todos os espíritos é uma condensação do fluido cósmico em torno da alma. O corpo físico, ou carnal, resulta de uma maior condensação do mesmo elemento, fato que o transforma em matéria tangível.

"Embora tenham origem comum, que é o fluido cósmico, as transformações moleculares são diferentes nesses dois corpos, resultando daí o perispírito ser etéreo e imponderável. Ambos são, portanto, matéria, mas em estados diferentes. O corpo perispiritual, Osmar, é constituído à base de princípios químicos semelhantes, em suas propriedades, ao hidrogênio, a se expressarem através de moléculas significativamente distanciadas umas das outras.

"O espírito forma seu envoltório perispirítico com os fluidos retirados do ambiente em que vive. Como a natureza dos mundos varia conforme o seu grau de evolução, será maior ou menor a materialidade dos corpos físicos dos seus habitantes.

"O perispírito guarda relação, quanto à sua composição, com esse grau de materialidade. Admitindo-se que um espírito emigre da Terra, aí ficará o seu envoltório fluídico, porquanto o espírito precisa tomar um outro envoltório fluídico apropriado ao planeta em que passará a viver.

"A natureza do envoltório fluídico guarda sempre relação com o grau de adiantamento moral do espírito, como já dissemos. A condição moral do espírito corresponde, por assim dizer, a uma determinada densidade do perispírito. Maior elevação, menor densidade fluídica. Maior inferioridade, maior densidade, isto é, um perispírito mais grosseiro, com maior condensação fluídica, como aqueles que você viu nas regiões de sofrimento do Umbral. É claro que, apesar de mais densos, os envoltórios fluídicos mais grosseiros continuam imponderáveis."

– Obrigado por sua explicação, Nina.

– Não precisa agradecer. Marcelino já está aqui há alguns dias. Eu trouxe você para que possa acompanhar o que vai acontecer daqui por diante, ok?

– Estou ansioso e muito curioso sobre o que escreveremos daqui por diante. Vamos em frente.

– Observe e escreva. Você poderá ver como são as coisas por aqui.

– Deixe comigo.

Naquele momento, entraram na enfermaria cinco jovens que estavam no quarto de Marcelino no momento do seu desencarne. Elas se aproximaram de nós sorridentes.

– Olá, Nina!

– Olá, Ester! Como vai?

– Estou ótima. Viemos para acompanhar o despertar de Marcelino.

– Sejam bem-vindas, minhas irmãs.

Todas cumprimentaram com um abraço o querido Felipe.

– Osmar, essas são Ester, Aurora, Mariana, Marlyse e Tamires. Elas são familiares de Marcelino e vieram aqui para acompanhar o seu despertar.

Carinhosamente, todas me cumprimentaram com um gesto de cabeça.

Fiquei extremamente feliz e emocionado com a simplicidade daquelas meninas e também por terem me permitido ser visto por elas, pois quase sempre escrevo sem que outros espíritos me vejam.

Todas aparentavam ser novas, mas, como sei que na vida espiritual moldamos a forma em que queremos ser vistos, logo percebi que a idade delas era variada.

– Ele vai acordar agora?

– Sim, só temos que esperar a Joana e o Pablo.

– Quem são, Nina? – perguntei.

– São os responsáveis por esta sala.

Ficamos ali postados ao lado da maca de Marcelino, esperando pelos que faltavam.

Passaram-se alguns minutos e eles apareceram.

Pablo era um rapaz de uns 20 anos e Joana, uma jovem também da mesma idade.

– Bom dia a todos – disse Pablo, aproximando-se.

– Bom dia – respondemos.

Joana se aproximou e nos cumprimentou com um aperto de mão.

Logo após nos cumprimentar, Joana apertou um botão de cor verde ao lado da maca e a cápsula se abriu após expelir todos aqueles fluidos da mesma cor. Tive a impressão de que eram gases. Joana e Pablo deixaram a sala, felicitando todos pelas conquistas de Marcelino.

Lentamente, Marcelino começou a acordar.

Ester segurou a mão direita de Marcelino e Marlyse segurou a esquerda.

Todos estávamos em volta da maca quando Marcelino acordou lentamente.

Lágrimas começaram a escorrer pelo seu rosto, emocionado ao ver aquelas lindas meninas ao seu lado.

– Mãe! – disse ele, emocionado. – Marlyse! – continuou Marcelino, com um ar de sorriso entre as lágrimas.

Então, Nina se aproximou de mim e, falando baixo perto do meu ouvido, disse:

– Ester foi mãe de Marcelino em outra vida e Marlyse, a quem ele se dirige, foi sua irmã em uma encarnação passada.

Todos estávamos muito emocionados.

Aurora e Mariana foram suas avós e estavam felizes e radiantes com aquele encontro.

Felipe, Nina e eu não conseguíamos esconder a alegria de estarmos ali presenciando tudo aquilo.

Lentamente, Marcelino se sentou na cama auxiliado por Ester e Marlyse.

– Sente-se, querido – disse Ester, apoiando-o.

– Tenho plena consciência que não estou mais entre os vivos, mãe – disse Marcelino, emocionado.

– Agora você se encontra na vida plena. É chegado o momento tão esperado. O nosso momento – disse Marlyse.

– Como estão os meus pais atuais e a minha querida irmã?

– Em breve, você vai poder revê-los e saberá que estão bem – respondeu Ester.

– Obrigado, mãe.

– Não agradeça. O fato de você estar aqui é puro merecimento seu, meu filho.

– Onde estou?

– Você está na Colônia Espiritual Amor Fraterno.

– O que é isso?

– Uma linda cidade espiritual, meu filho.

– Eu sempre soube que havia algo além de mim. Eu tentei estudar o Espiritismo, que fala da vida após a morte, mas minha mãe da vida terrena, Glória, e meu pai, João, sempre me impediram de conhecer essa doutrina. Insistiam que eu deveria continuar com meus estudos na igreja perto de nossa casa.

– Sem problemas, meu filho. O fato de você ser ou não espírita não o habilita para estar aqui. O que o trouxe para cá foi o que você fez mesmo sem saber sobre as cidades espirituais. Colhemos na vida espiritual os frutos da semeadura terrena, e você sempre foi carinhoso, amoroso, caridoso e, acima de tudo, humano. Suas conquistas espirituais resultaram em sua chegada até nós. Na verdade, refletimos quando encarnados aquilo que somos em essência. Se a essência é boa, o espírito encarnado reflete essa bondade.

– Tantas pessoas que você ajudou! Quantos amigos seguiram seu exemplo de bondade e honestidade! Você sempre esteve disponível pacientemente para ajudá-los. Esse foi seu maior investimento, meu irmão, e seu maior patrimônio. O amor que você deu a todos os que tinham dificuldades, assim como o carinho e a ternura, que sempre foram características fortes de sua personalidade, é o que o possibilitou a vir definitivamente para a nossa colônia – disse Marlyse.

– Olhem, é a vovó Aurora!

Então, ela se aproximou de Marcelino e beijou sua face com ternura.

– Eu também estou aqui – disse Mariana, aproximando-se.

– Meu Deus, que saudade de vocês!

– A saudade acaba quando chegamos à vida eterna, meu neto.

– Que alegria estar aqui! Eu só espero que meus pais atuais e minha irmã não fiquem sofrendo pela minha morte.

– Eles não estão sofrendo. Já se passaram alguns meses do seu desenlace. Em breve, você vai poder vê-los e isso o confortará.

– Meses?

– Sim, já se passaram quatro meses do seu desencarne.

– Meu Deus, parece que fui dormir ontem e acordei hoje!

– O tempo aqui é muito diferente do tempo de lá.

Naquele momento, reparei que Marcelino não nos via e perguntei a Nina:

– Ele não pode nos ver?

– Não, você não faz parte daqui. Por isso, você vê em espelho.

– Meu Deus!

– Ele mesmo quem fez isso. Esse é um momento íntimo do espírito. O fato de ser ou estar na condição de espírito não lhe possibilita tudo.

– Como assim?

– Você não é daqui. E, se não é daqui, só verá o que lhe é permitido ver, assim como nós não temos liberdade para ver tudo o que acontece com vocês enquanto encarnados. Não fique achando que os espíritos podem ficar espiando quem está em outro plano com facilidade. Se fosse assim, ninguém tomaria um banho sem estar preocupado se estamos vendo – disse Felipe, participando da nossa conversa.

– Nossa, eu nem imaginava que as coisas fossem assim.

– Existem regras e Leis que se cumprem naturalmente, aqui e no plano dos encarnados. Ao libertar-se da matéria, o espírito tem suas limitações. Nós não podemos estar na vida dos vivos, pois não estamos mais vivos. Para estarmos na vida dos vivos, são necessárias muitas conquistas. Além, é claro, de pessoas como você, médium dedicado ao amor.

– Obrigado pelo elogio. Tento fazer o melhor diariamente.

– Você está entendendo tudo o que está acontecendo aqui, Osmar?

– Entendo perfeitamente. E estou impressionado com a perfeição.

– Ele é, foi e sempre será perfeito.

– Verdade.

Naquele momento, fomos interrompidos por Marcelino.

– Eu me sinto fraco – disse Marcelino, deitando-se novamente.

– Vamos chamar o responsável por sua recuperação. Espere – disse Aurora, saindo da sala apressadamente.

Poucos minutos depois, ela voltou e trouxe consigo o casal Pablo e Joana.

– O que houve, Marcelino?

– Fique calmo, que eu vou examiná-lo – disse Joana, aproximando-se de Marcelino. – Por favor, afastem-se do paciente.

Obedecendo à recomendação de Joana, todos nos afastamos. Então, ela se aproximou do leito onde Marcelino estava deitado e disse:

– Deite-se, meu rapaz. Respire calmamente. Nós vamos lhe aplicar um passe energético para que você possa se levantar e seguir com seus familiares. Certamente esses sintomas são relativos à parte emocional do reencontro com seus familiares e amigos. Mantenha-se calmo, que logo você estará bem.

Marcelino, obedecendo às instruções de Joana, deitou-se e fechou os olhos.

Naquele momento, todos os espíritos que ali estavam estenderam suas mãos em direção a Marcelino, que recebeu uma carga energética muito grande.

Pude ver vários fluidos sobre o corpo espiritual dele.

Eram fluidos de diversas cores, que vibravam sobre os chacras do perispírito daquele que acabara de acordar na vida espiritual.

Pude ver seu corpo espiritual ampliar as cores e aumentar de tamanho.

Os espíritos amigos insistiam no passe, que, a cada segundo passado, ampliava a luz de Marcelino.

Ele estava ficando totalmente refeito.

Eu via tudo aquilo e anotava apressadamente, para não perder nada daquele momento especial em minha visão mediúnica.

O corpo espiritual de Marcelino já não estava mais na cama. Ele flutuava sobre a cama, tamanha era a carga energética que recebia.

Após alguns minutos, os espíritos pararam o passe e Marcelino finalmente acordou, totalmente refeito e restabelecido.

– Meu Deus, me sinto ótimo agora!

– Que bom! – disse Aurora, aproximando-se novamente de Marcelino.

– Podemos ir? – perguntou o rapaz, afoito. – Para onde?

– Agora você precisa ir para o setor de esclarecimento e conscientização. Você recebeu alta aqui do hospital – disse Pablo, ao lado de Joana.

– O que é isso?

– É um setor muito importante da nossa colônia. É lá que todos os seus perispíritos serão refeitos. Você precisará lembrar-se de todas as suas encarnações para poder seguir adiante.

– Meu Deus! – disse Marcelino, assustado.

– Não se assuste. Tenha calma. Estaremos ao seu lado – disse Ester.

– Vovó, posso lhe perguntar uma coisa?

– Claro, meu amor – disse Mariana, aproximando-se de Marcelino.

– A senhora sabe que eu sempre fui muito agarrado ao vovô José... Ele também está aqui?

– Ainda não. Seu avô não estava preparado para vir para esta colônia. Mas você vai saber mais sobre ele no departamento de informações e notícias.

– Então, vamos logo! Preciso saber tudo sobre as minhas encarnações. Eu preciso viver! – disse Marcelino, dando um salto na cama.

– Você está bem, meu amor?

– Sim, mãe, eu estou ótimo.

– Então, vamos – disse Aurora, pegando Marcelino pelo braço esquerdo e auxiliando-o a se levantar e sair da maca.

Pablo se aproximou e disse:

– Preciso checar uma coisa em você, Marcelino, antes de deixá-lo ir.

– Pois não, doutor.

Pablo chegou ainda mais perto e colocou a mão direita sobre a testa do rapaz. Por alguns segundos, ele manteve a mão em sua testa, como fazemos com nossas crianças para verificar se estão com febre.

– Você já pode ir. Está liberado – disse Pablo, sorrindo.

Todos ficaram alegres e saíram em direção ao corredor.

Ansioso, eu me perguntava: qual será o próximo lugar que iremos visitar?

Para onde seremos levados?

A ansiedade em saber os próximos passos da nossa caminhada nas cidades espirituais me atormentava o coração.

O que nos espera?

O que temos que recordar?

Como viveremos na vida eterna?

Há algo ainda a ser revelado, descoberto?

“

As encarnações sucessivas criam vínculos e laços pela eternidade.

”

Felipe

Câmara de Esclarecimento e Conscientização

Voltamos para aquele enorme corredor. Foi nesse momento que percebi que, na verdade, estávamos em um lindo e grande hospital instalado no principal prédio da Colônia Espiritual Amor Fraterno.

Havia vários andares naquele prédio. Pude ver centros de tratamento intensivo, dezenas de enfermarias, alas para crianças e idosos e muitos outros setores que me impressionaram pela organização, limpeza e beleza.

Todos caminhavam muito rápido em direção aos elevadores e eu tentava anotar tudo o que via, desesperado para não perder nada ao meu redor.

Eu os seguia de perto e vi quando marcaram no elevador o andar de número 27.

Vi também que Marcelino já não estava mais vestido com roupas de hospital. Ele vestia uma túnica de cor azul clara que lhe cobria todo o corpo. Nos pés, uma sandália franciscana de cor branca.

O elevador transitou entre os andares em uma velocidade incompreensível para mim naquele momento. Era um elevador bem grande. Acho que cabiam nele, com segurança, umas 20 pessoas, ou espíritos, como queiram.

Chegamos ao andar desejado.

O andar era todo de cor branca. As paredes pareciam de plástico. Os móveis eram todos brancos e as luzes que iluminavam o lugar eram de cor azul.

Tudo era muito lindo e limpo, como é comum ver em lugares como as colônias.

Naquele momento, vi que Marcelino apresentava uma angústia no peito. Isso ficou claro para mim porque havia uma desarmonia no corpo fluídico do rapaz. Como assim, se ele estava tão bem?

Todos percebemos que algo acontecia, mas, como ninguém falou nada, eu me calei. Resolvi esperar pelos acontecimentos para poder escrever sobre o que acontecia.

Foi quando entramos em uma sala onde havia um divã, desses que vemos em consultórios de análise.

Logo que entramos, todos se sentaram e Marcelino foi colocado deitado no divã.

Nessa sala, havia uma mulher de altura mediana vestida com uma roupa dourada. Logo eles apresentaram Marcelino a ela.

Na parede à nossa frente, havia uma tela como aquelas que vemos em nossos cinemas e algumas cadeiras confortáveis, onde todos se sentaram. Parecia que estávamos em uma mistura de consultório com uma pequena sala televisiva.

– Marcelino, essa é a Eliana. Ela é quem vai conduzir parte de seu tratamento neste andar – disse Ester.

Pude observar que Marcelino estava calado e ansioso com aquele encontro, mas aceitou de pronto a proposta apresentada por Ester.

– Sente-se, querido – disse Eliana.

Marcelino se acomodou no divã.

Na frente de todos nós, havia uma enorme tela fluídica.

Todos se sentaram em volta de Marcelino, dando-lhe total apoio.

Eu, Nina e Felipe ficamos de pé muito próximos a todos eles.

– Vejo que você carrega algumas angústias em seu peito. Quer falar sobre isso antes de começarmos seu tratamento?

– Sim, senhora – disse Marcelino.

– Podemos começar?

– Sim – disse ele.

– Fale para mim sobre suas angústias.

– Na verdade, eu gostaria de desabafar o que sinto dentro de mim agora. Acabei de sair da câmara de reparação perispiritual e vejo agora que deixei muita coisa passar. Eu gostaria de desabafar o que sinto.

– Diga, querido. Pode ficar à vontade – disse Eliana, carinhosamente.

– Sinto que perdi muito tempo de minha vida até chegar aqui.

– Pode falar, meu amor – insistiu a instrutora.

– Carrego alguns sentimentos que eu gostaria de botar para fora.

– Fique à vontade para falar no seu tempo, meu amor. Não se preocupe conosco. Siga os desejos de seu coração – disse Ester, muito próxima a Marcelino.

– A primeira coisa que desejo falar é que sinto que eu deveria ter me permitido ser mais alegre e feliz enquanto estive encarnado entre os que tanto amo. Desperdicei muito tempo... Eu poderia ter amado mais, ter beijado mais minha irmã, ter mostrado para ela e para meus pais encarnados o quanto eu os amo. – Todos ouviam calados os relatos de Marcelino. – Minha mãe, então, nem se fala o quanto estou arrependido de não ter ouvido seus conselhos no dia do meu afogamento.

"A segunda é que eu deveria ter passado mais tempo ao lado dos meus amigos, ter aproveitado melhor nossos encontros. Foram tantos encontros nos finais de semana, nas férias, nas reuniões escolares... Quanto tempo perdido!

"A terceira, Eliana, é que eu deveria ter expressado mais meus sentimentos e minhas emoções. Sempre me calei, quando deveria falar, exteriorizar o que sentia pelas pessoas. Eu deveria ter sido mais transparente em relação ao que sentia por todos que viveram ao meu lado em minha última experiência corpórea.

"Eu deveria ter me recolhido menos e vivido mais. Dediquei quase toda a minha vida aos jogos de video game e vejo que não trouxe nada daquilo que achei ser importante para mim e para a minha curta existência terrena. Vejo agora que o maior patrimônio do espírito não são as coisas materiais, e sim as conquistas espirituais através do nosso esforço evolutivo. Deveria ter ido menos à igreja e mais ao Evangelho de Jesus.

"Deveria ter feito o bem mais vezes. Embora tenha pautado minha curta existência no amor ao próximo, eu poderia ter feito mais...

"E, por fim, eu deveria ter vivido uma vida mais verdadeira com aquilo em que sempre acreditei e menos com aquilo que eu fazia para agradar as pessoas ao meu redor.

"São essas as mágoas que trago em mim nesta hora e que me mostram que não devemos viver a vida simplesmente por vivê-la. A vida é muito mais que uma encarnação, muito mais que uma família, muito mais que curtir, passear, namorar, ganhar dinheiro etc. A vida é uma extensão do amor de Deus pelos Seus filhos. Agora me conscientizo de que não sou um objeto jogado ao Universo como estrelas que vagam pelo espaço à procura de luz. Eu sou a luz, e devo refletir minha grandeza espiritual em todas as situações que se apresentam para meu progresso evolutivo."

– Essas são lembranças muito comuns àqueles que chegam aqui, Marcelino. Tudo o que você viveu poderia ter sido mais proveitoso. O fato de viver em sociedade, muita das vezes, tira do espírito aquilo que realmente o engrandece na jornada evolutiva.

– Eu compreendo agora o que sou realmente.

– Agora não há mais tempo para amargurar-se pelo passado. Hoje é o dia de você se esclarecer e modificar esses sentimentos, aproveitando-se das lições vividas para purgar o que ficou para trás e começar a construir um novo futuro. É para isso que estamos aqui.

– Eu sou grato por todos vocês cuidarem de mim.

– Vou lhe mostrar, Marcelino, nessa tela à nossa frente, algumas cenas do seu passado. Você poderá extrair dessas lembranças aquilo que o confortará e o levará à sua próxima tarefa. Não lhe mostraremos tudo neste momento. Você precisará vir aqui mais algumas vezes, até que tudo se complete. São emoções do passado que, por experiência, sabemos que você deve receber por etapas.

– Entendo – disse Marcelino.

Naquele momento, pude ver todas as angústias do jovem rapaz desaparecerem de seu eu espiritual.

Todos estávamos muito emocionados com a sinceridade de Marcelino e vimos seu estado espiritual se transformar em nossa frente.

Aprendi ali que a verdade é sempre o melhor caminho para os espíritos. Ser sincero, verdadeiro, honesto, caridoso, bondoso, amoroso... não custa nada ser assim.

Foi quando olhei para Aurora e vi que ela deixava correr pelo seu belo rosto algumas lágrimas de gratidão.

– Vamos às suas lembranças, Marcelino?

– Sim, Eliana.

A tela se abriu e mostrou Marcelino quando criança.

Ao seu lado estava Ester, cuidando dele com muito amor e carinho, e seu pai, que ainda não tinha acesso à Colônia Amor Fraterno.

– Olhe, meu paizinho! Será que ele está bem?

– Em breve, poderemos lhe mostrar como todos estão. Agora vamos às suas vidas pretéritas.

Na tela, apareceu Marcelino em outra encarnação.

Era um tempo bem distante.

Marcelino era padre e cuidava de um pequeno orfanato.

– Olhe, Marcelino. Você se lembra desse tempo?

– Sim, essas lembranças são minhas. Eu sei que são minhas.

Ele cuidava de uma criança que ardia em febre. A noite era bem fria e Marcelino estava muito preocupado com a saúde daquela pequena órfã.

Naquele momento, uma menina de nome Tamires se aproximou da maca, pegou nas mãos de Marcelino e disse:

– Obrigada por cuidar de mim e ter me coberto com seu amor e bondade. Você cuidou de mim e me educou até que fui adotada por uma família que me criou e me encheu de amor.

Ambos choraram abraçados.

Outra criança do mesmo orfanato se aproximou de Marcelino para tirar algumas dúvidas sobre a tarefa escolar. Ele ensinou àquela menina os deveres escolares pacientemente, com todo o amor. Na sequência, essa mesma menina apareceu formando-se em medicina.

Então, Marlyse se aproximou e lhe agradeceu todos os anos de dedicação. Ambos choraram de emoção.

Eu, naquele momento, já não conseguia mais segurar minhas lágrimas.

Na tela, Marcelino apareceu vestido a caráter, celebrando seu último casamento no altar da igreja em que era pároco.

Ao lado dele, havia um homem alto e muito bonito. Marcelino estranhou aquela presença e logo perguntou:

– Esse homem não estava nesse casamento. Quem é ele?

– Esse é Lourenço, seu mentor espiritual. Você e Lourenço viveram uma vida muito distante, que selou o enlace de gratidão e amor que dura por todas as suas vidas.

– Que lindo! E quem é Lourenço?

– Ele é o grande conselheiro de nossa colônia, o grande amigo de todas as horas.

– Ele está aqui?

– Sim, ele vive aqui. Em breve, você vai poder vê-lo.

– Meu Deus, será que sou digno desse mentor espiritual?

– Deus dá aos Seus melhores soldados as mais difíceis batalhas, e você venceu sua batalha pessoal e evolutiva.

Não temos muito a lhe mostrar neste momento, mas saiba que você não precisa mais encarnar. Suas provas terminaram. Agora você precisa planejar seu futuro. Todos os que estão aqui têm seus futuros planejados e, ao final de seu esclarecimento e conscientização, você poderá ser repatriado para sua colônia de origem. Mas isso demora um tempo. Não se preocupe com isso. Agora vá viver a verdadeira vida ao lado dos espíritos saudosos que tanto o amam.

– Quero viver ao lado de vocês e ajudar aqueles que ficaram na Terra. Posso fazer isso?

– Você foi informado de que não precisa mais passar pelas provas da encarnação para evoluir. Agora pode escolher o que fazer e seguir aprimorando-se, estudando e aperfeiçoando-se em nossa colônia. Após suas conquistas pessoais, poderá tomar as decisões para o aprimoramento definitivo existencial.

"Vou pedir para que o levem para sua nova casa. Dentro de alguns dias, você será levado ao prédio das informações e notícias. Lá você poderá saber como estão aqueles que ficaram e solicitar ajudá-los a terminar a tarefa terrena.

"Existiram outras vidas e, no momento certo, todas serão liberadas para você acessar e relembrar.

"Esses perispíritos que você usou nas encarnações anteriores são patrimônios seus, e você poderá acessá-los sempre que achar necessário. Com o tempo, você aprenderá a dominar os acessos a essas vidas e a esses perispíritos e tudo lhe será restabelecido."

– Eu só quero ser útil. Isso, para mim, já basta.

– Há espaço evolutivo para todos que desejam o amor como fonte única de evolução. Você já está apto a exercer sua vida espiritual. Mas, antes de ir, eu quero que você veja mais uma coisa, pode ser?

– Claro, Eliana.

A tela novamente se abriu e nós pudemos ver um jovem pai em um pequeno casebre, dando alimento a um menino de quatro anos.

– Esse sou eu?

– Sim, é você, meu amor – disse Ester.

– E quem é esse menino?

– Você se lembra do João, seu pai terreno?

– Sim, eu me lembro muito bem dele. Lembro-me de nossa amizade e cumplicidade.

Naquele momento, Marcelino começou a chorar.

– Não chore, filho – disse Ester, aproximando-se novamente.

– Mãe, eu e o João vivemos a melhor relação de pai e filho de que posso me lembrar. Ele deve estar sofrendo muito com minha morte.

– Pois bem, você cumpriu nesta encarnação o que não fez nessa que lhe apresentamos em tela. Olhe...

Naquele momento, pude ver que João havia abandonado Marcelino quando ele ainda era uma criança bem pequena.

– Foi graças ao abandono de seu pai que você foi acolhido em um orfanato e de lá saiu padre, na primeira encarnação como sacerdote.

"Você nunca soube disso, mas recebeu a oportunidade de refazer seu caminho ao lado de João. Hoje, ele está triste por não ter feito mais por você. Já temos alguns auxiliares olhando por ele no plano físico. Tudo ficará bem…

"Sua atitude de amor para com o próximo, além de promover o bem a todos que o procuravam na igreja nas vidas passadas, lhe proporcionou estar entre nós hoje.

"Agora, como disse, é hora de replanejar e seguir em frente. Ainda há algumas lembranças e revelações que você descortinará durante seu processo evolutivo entre nós."

Todos estavam emocionadíssimos naquela hora.

Eu pude ver que o amor é realmente a essência da vida espiritual.

Eu vi que Deus nos dá oportunidades infinitas para consertarmos os erros de nosso passado, seja na vida encarnada, seja na vida espiritual.

– Se houver mais alguma necessidade de esclarecimento e conscientização, eu peço à Ester que traga você novamente – disse Eliana, levantando-se.

– Eu gostaria de saber do meu avô.

– O José?

– Sim.

– Olhe para a tela – disse Eliana.

A tela se abriu e todos puderam ver José sentado em uma mesa de atendimento, orientando diversas pessoas. Ele estava jovem, bonito e sorridente e demonstrava estar muito feliz com o que fazia.

– Onde ele está?

– Ele trabalha na Colônia da Regeneração e, todos os meses, vem nos visitar – disse Eliana.

– Então, vou poder vê-lo em breve?

– Todos os meses, ele vem aqui e passa um final de semana conosco – disse Ester, emocionada.

– Meu lindo vôzinho!

– Agora vá para o seu novo lar. Em breve, a gente se vê – disse Eliana, feliz.

Após vários abraços e muitas lágrimas, todos se despediram e saíram da sala de atendimento.

Felipe e Nina me aconselharam a descansar...

Eu estava realmente extasiado e muito cansado com tudo o que pude presenciar.

Meu coração estava feliz. Afinal, pude ver e escrever o amor...

“

O amor é o combustível da evolução dos espíritos.

”

Osmar Barbosa

A Nova Casa

Marcelino foi levado por Ester para morar temporariamente em sua casa.

– Venha, Marcelino. Vamos para a minha casa – disse Ester.

– Obrigado, mãe.

Todos se dirigiram ao elevador e desceram até a saída principal do grande prédio.

Marcelino passou a observar tudo à sua volta e ficou muito impressionado com a linda Colônia Amor Fraterno.

– Gente, o que é isto?! Que coisa linda!

– Esta é a nossa casa atual, meu amor – disse Aurora, abraçando-o.

Todos caminharam para a escadaria de acesso à saída do grande prédio. Ali Marcelino parou e, impressionadíssimo, disse:

– Meu Deus, como é perfeito!

Todos riram de Marcelino.

Ao descerem lentamente a escada que dava acesso à principal avenida da colônia, Ester se aproximou de Marcelino, o abraçou e disse:

– Esta é uma estação temporária, meu amor. Ficamos por um tempo maior, mas a maioria dos que chegam aqui decidem seguir em frente e logo vão para outras colônias, onde trabalham em seus aperfeiçoamentos pessoais. Quando estiver mais disposto, posso conversar um pouco mais sobre isso com você.

– Claro que sim! Vamos conversar. Agora eu gostaria mesmo é de passear por esta cidade e conhecer cada cantinho.

– Vou levá-lo, Marcelino – disse Ester, animada.

Todos caminhavam felizes pela linda e arborizada alameda.

– Agora temos que cuidar de nossas coisas – disse Marlyse.

– É verdade – concordou Aurora. Então, ela se aproximou de Marcelino e disse: – Ester vai cuidar de você, meu filho.

– Está bem, vó. Eu só quero conhecer este lugar.

– Ela vai levá-lo. Mais tarde, podemos nos encontrar para um chá, o que acham?

– Vamos, sim – disse Ester.

– Então, fica combinado. No final do dia, nos encontraremos na casa da Ester para um delicioso chá.

Todos concordaram e se separaram.

– Venha, filho. Vamos caminhar.

Ester e Marcelino saíram a passear pelas avenidas arborizadas de Amor Fraterno .

– Estou muito impressionado com este lugar. Nunca imaginei que existiria um lugar como este... Como Deus é bom!

– Ele é perfeito, filho. Há tanta coisa que você ainda precisa saber, que nem me arrisco a começar a contar.

– Pode começar...

– A primeira coisa que você deve aprender e se acostumar é a não me chamar mais de mãe.

– Por quê?

– Porque fui sua mãe; não sou mais. Escolhi receber você na minha última encarnação porque tínhamos que finalizar algumas pendências de vidas pretéritas. Você já teve algumas mães, e não é justo que somente eu receba esse título, entende?

– Mas eu não me lembro de outras mães, exceto Glória, que ainda está encarnada.

– Quando chegamos aqui, logo somos informados das principais tarefas que nos aproximaram de nossa realidade espiritual. Sugiro que, após se adaptar bem à nossa colônia, você volte à câmara de esclarecimento e conscientização para se lembrar de todas as suas vidas. Quando decidir por isso, você se lembrará de todas as mães que teve em todas as encarnações. Por isso, não é justo que você mantenha o sentimento materno sobre mim, embora eu me sinta lisonjeada e feliz.

– Compreendo e concordo, mas por que não me recordaram logo de todas as minhas vidas?

– É desnecessário passar por isso neste momento. O mais importante agora é que você se adapte a este lugar e compreenda como tudo aqui funciona. Lembre-se de que você não vai mais encarnar. Por esse motivo, torna-se desnecessário voltar ao passado. Você já venceu os processos encarnatórios e alcançou um certo grau evolutivo. Tudo o que você viveu no passado é do passado e pertence ao passado. Agora é hora de planejar o futuro e investir em sua moralidade e em seu intelecto, pois são essas as virtudes que lhe permitirão ir além.

– É verdade... Se não vou mais reencarnar, para que servem essas lembranças?

– Isso! Agora você tem que idealizar e correr atrás de seus projetos evolutivos. É isso que você tem que fazer.

– Como assim, Ester? Perdoe-me, mas é esse mesmo o seu nome? Porque, se você teve várias encarnações, assim como eu, é certo que teve muitos nomes.

– Viu como você já está aprendendo? Meu nome é Ester, sim. Você pode me chamar por esse nome.

– Conte para mim sobre os projetos.

– Agora você tem que decidir se vai trabalhar e estudar para ascender às colônias superiores ou se vai passar um período aqui. Tenho que informá-lo que você não poderá viver eternamente em Amor Fraterno. Nenhum espírito vive eternamente em uma colônia. Todos temos que evoluir e seguir adiante, entende? É como uma Lei, mas que não é exatamente uma Lei.

– Sim, entendo perfeitamente. Realmente não faz sentido, após várias encarnações, o espírito permanecer eternamente em um lugar. Deve haver algo mais que isso.

– Exatamente. Existem muitas coisas além desta estação evolutiva. Você aprenderá que existem milhares de estações como esta, e logo desejará navegar por esse imenso oceano evolutivo.

– Meu Deus!

– O que houve?

– Como Ele é perfeito! Como Deus é perfeito!

– E, sendo perfeito, deseja que todos os Seus filhos se tornem perfeitos. Se entender isso, você entenderá a vida espiritual.

– Eu entendo.

Naquele momento, Marcelino parou de andar e fixou seu olhar em um prédio bem pequeno, com formato ovalado. Ele ficou parado em frente a esse prédio, admirando a beleza da arquitetura do lugar.

– Que prédio é esse, Ester?

– Esse é o prédio da programação futura.

– Programação futura?

– Sim. É aí que você aprende, conhece e planeja o seu futuro espiritual.

– Meu Deus! Você pode me explicar como funciona a programação futura?

– Você não quer conhecer?

– Eu posso?

– Você faz parte de Amor Fraterno agora.

– Posso lhe dizer uma coisa?

– Sim, claro.

– Como faço para apagar de dentro de mim o amor que sinto por ser seu filho?

– O amor não se apaga. Quando ele existe, é eterno. Você nunca vai deixar de me amar como mãe, mas precisa saber que logo, logo vai se lembrar de outras mães, e esse sentimento de gratidão familiar vai se expressar dentro de você.

– Agora eu entendi.

– Mesmo porque fui sua mãe na vida passada, mas posso ter sido sua inimiga em vidas anteriores. Qual o sentimento que você nutrirá, o de amor de mãe ou o de ódio da inimiga, quando lhe forem reveladas todas as nossas encarnações?

– Provavelmente o de amor, porque eu nunca guardei ódio ou mágoa de ninguém. E quer saber...

– Sim.

– Eu não quero saber do meu passado. Se estou aqui, mereço esta conquista e vou vivê-la intensamente.

– Você aprende rápido, meu amor...

– Sou seu filho, lembra?

Ester e Marcelino caíram no riso.

– Mas é de suma importância que você saiba que, muitas vezes, encarnamos ao lado daqueles com os quais precisamos ajustar nossos sentimentos.

– Por que você insiste nesse assunto? Você já foi minha inimiga em alguma vida?

– Certamente. Tínhamos pendências para serem ajustadas. Caso não houvesse, eu não seria sua mãe.

– A perfeição divina... é isso?

– Sim, é convivendo, odiando e amando que aprendemos a amar a todos, desejo universal da Lei Maior. Há lugares na vida espiritual onde os espíritos se amam e vivem em perfeita harmonia. Venha, vamos entrar. Eu quero mostrar algumas coisas para você.

– Vamos, sim.

Ester e Marcelino atravessaram a linda alameda e chegaram à portaria do prédio da programação futura.

Em Amor Fraterno existem aproximadamente 180 prédios, todos utilizados pelos espíritos em evolução. Eles estão espalhados por todo o lugar.

– Venha – disse Ester, indo à frente.

Maravilhado com a beleza do lugar, Marcelino demorou um pouco até perceber que precisava seguir sua mãe.

– Venha – insistiu Ester, que aguardava Marcelino na porta de entrada em formato redondo.

Em frente a esse prédio, havia alguns ipês-amarelos cujas flores cobriam o chão, formando um lindo tapete, onde Marcelino arrastou os pés feito criança brincando.

Ester parou de insistir e começou a observar alegremente o que o rapaz fazia.

Uma alegria intensa invadiu o coração de Ester, que, feliz, observava Marcelino, distraído a brincar.

Após alguns minutos, ele finalmente chegou à porta de entrada do prédio.

– Desculpe, mas, sempre que ia ao nosso sítio, eu me sentava embaixo de um ipê como esse.

– Algumas vezes, eu ouvia o que você dizia a mim quando estava em seu momento pessoal.

– O que a gente pensa chega até vocês, quer dizer, até nós?

– Sim. Quando vindo do coração, chega até nós.

– E como sei que chegou alguma mensagem para mim?

– Você recebe um chamado para ir até o prédio de informações e notícias.

– Que legal!

– Tudo aqui é muito legal. Venha, vamos entrar.

Marcelino e Ester entraram no prédio. Na recepção, havia um lindo aparador exibindo alguns vasos com flores coloridas.

No lado esquerdo, um pequeno balcão de recepção e, atrás dele, um rapaz.

– Venha – disse Ester, dirigindo-se ao balcão.

No lado direito da entrada, havia alguns sofás onde podia-se ver pessoas sentadas, aguardando atendimento.

A maioria das pessoas estavam bem descontraídas, conversando. E algumas liam jornais ou revistas.

– Boa tarde!

– Boa tarde, Ester! Seja bem-vinda!

– Eu trouxe o Marcelino para conhecer a programação futura. Ele acabou de chegar e está bem curioso sobre tudo aqui.

– Seja bem-vindo, Marcelino! Vocês podem subir ao terceiro andar. Tomem, levem esses crachás.

– Qual o seu nome, rapaz? – perguntou Marcelino.

– Lúcio.

– Obrigado, Lúcio, por sua gentileza.

– Não tem de quê – disse o rapaz, sorrindo.

– Venha, Marcelino.

Ambos pegaram o elevador e subiram ao terceiro andar.

Ao chegar, viram uma sala de cinema com uma tela bem grande.

– É um cinema?

– É como se fosse, Marcelino. Venha, vamos nos sentar e assistir.

Mais à frente, havia quatro pessoas sentadas. O lugar tinha poucos lugares. Podia-se contar, no máximo, 30 lugares.

As luzes se apagaram e as encarnações de Heloisa começaram a ser mostradas.

Heloisa estava sentada à frente, ao lado de seu marido e dois filhos. Todos estavam desencarnados e viviam em Amor Fraterno.

As encarnações de todos eram mostradas na grande tela.

Emocionados, todos choravam ao lembrar-se das vidas anteriores.

Após mais de uma hora de apresentação, a tela começou a mostrar as colônias superiores, lugares ainda inimagináveis para nós.

Maravilhados, Heloisa, seu esposo e seus filhos se abraçaram e começaram a planejar a vida futura em outras estações.

– Olhe esse planeta, Joel!

– É realmente muito lindo.

– Precisamos conquistar o direito de ir para lá, meus amores.

– É verdade, mãe.

Após alguns minutos, a tela se apagou e as luzes do salão se acenderam.

Marcelino estava impressionado com tudo o que viu e mal conseguia se mexer, sentado ao lado de Ester, que observava tudo calada.

– Venham, vamos nos inscrever para as colônias superiores – disse Heloisa , levantando-se e puxando Joel e seus filhos.

– Que lindo! – disse Marcelino.

– Após ver seu passado e planejar seu futuro, você terá que trabalhar e estudar para merecer a oportunidade evolutiva. Aqui todos trabalham e estudam, a fim de evoluir ainda mais – disse Ester, sentada ao lado de Marcelino.

– Eu já entendi perfeitamente o que acontece aqui. Quando chegamos, mergulhados no oceano das dúvidas, recebemos esse carinho e amor que você está me dando. Ao compreender que é o amor a base de tudo, percebo que preciso ir além. E, para ir além, tenho que me esforçar, me modificar, me melhorar. Fazendo isso, conquistarei meu espaço na vida espiritual, podendo, inclusive, viver em cidades ainda mais superiores.

– Você está começando a despertar, começando a ser quem você é em essência. Durante o período de encarnação, quase todas as nossas lembranças são apagadas, mas, conforme os dias passam aqui, elas voltam lentamente.

– Percebo que sou algo além de mim mesmo.

– Exatamente.

– Posso ver meu passado todo e planejar meu futuro?

– Ainda não. Para você conseguir isso, é necessário merecimento, como já lhe disse.

– Então, para eu mudar de colônia, preciso de quê?

– Evolução...

– Entendi. Eu ainda não estou pronto para ascender a planos superiores.

– Mas você tem acesso livre aos planos inferiores, e isso é bom.

– Sério?

– Sim, existem estações que são inferiores à nossa. Como você já conquistou esta, tem livre acesso às inferiores.

– Inteligência Divina.

– Pode ser...

– Estou encantado com tudo isso, Ester.

– Venha, vamos para casa. Eu preciso mostrar uma coisa para você.

Marcelino se levantou e seguiu Ester, que desceu pelas escadas, evitando o elevador.

– Venha.

– Estou indo.

Após algumas quadras, eles chegaram finalmente à área dos condomínios residenciais da colônia.

– Meu Deus!

– O que houve, Marcelino?

– É tudo perfeito demais aqui! Olhe, os condomínios residenciais são separados das áreas onde ficam os prédios!

– As cidades espirituais são planejadas e muito bem cuidadas, Marcelino.

– Vejo que quem as planejou pensou em tudo. Olhe esse riacho que corta todo o condomínio! Olhe essas árvores com flores e folhas multicoloridas! Olhe esses jardins que enfeitam as casas! Olhe as casas! As cercas! E olhe, tem esquilos e animais!

– A vida terrena é um espelho da vida espiritual.

– Aqui tem cães, gatos etc.?

– Sim, eu tenho uma cadela em casa. Venha, vamos nos encontrar com a Lola.

Após dobrar duas esquinas na área residencial, Ester e Marcelino finalmente chegaram a uma linda casa linear, onde Ester morava.

– Venha, entre.

Naquele momento, a cadela de nome Lola correu e saltou no colo de Marcelino, que abraçou o animal e não conteve as lágrimas.

Lola beijava Marcelino e não conseguia parar de externar sua alegria.

Naquele momento, o rapaz começou a chorar compulsivamente.

– É ela, não é?

– Sim, meu filho, é a sua cadela Bela.

– Meu Deus...

Marcelino se ajoelhou, abraçado à cadela, em prantos.

Ester assistiu ao encontro de amor sem nada dizer.

Após muitos beijos e centenas de lágrimas, Marcelino finalmente se acalmou e recebeu das mãos de Ester um copo com água.

Eles se sentaram em um belo sofá de cor laranja e ficaram brincando com a cadela Lola, que não desgrudava de Marcelino.

O silêncio foi quebrado quando surgiu à porta um rapaz de uns 18 anos.

Mais uma emoção incrível para Marcelino.

– Gilberto?

– Oi, mano!

Marcelino correu a abraçou o rapaz, que, feliz, retribuiu o carinho, abraçando o irmão.

– Por que você não me falou que ele estava aqui, Ester?

– É uma de minhas surpresas para você.

– Meu Deus, como você está bonito, Gilberto!

– Obrigado, meu irmão.

– Como Deus é bom!

– Sim, Ele é maravilhoso.

– Quer dizer que estamos juntos novamente?

– Sim. Quando cheguei aqui, o Gilberto estava me esperando.

– Que coisa boa, Ester!

– Realmente, a vida espiritual é cheia de surpresas. E você ainda vai ter mais algumas.

– Tenho que preparar o meu coração para todas essas emoções.

– Fique tranquilo, que estarei ao seu lado e esse coração não morre mais.

Todos caíram no riso.

– Bom, foi ótimo ver vocês, Marcelino e Ester, mas tenho que ir trabalhar. Mais tarde, nos encontraremos no jantar, está bem?

– Vá com Deus – disse Marcelino, despedindo-se de Gilberto.

Eles se abraçaram e, então, Gilberto saiu.

– Posso perguntar uma coisa para você, Ester?

– Sim, claro. Você pode me perguntar qualquer coisa.

– A minha outra irmã está aqui?

– Aqui onde?

– Nesta colônia?

– Não. Infelizmente, a sua irmã não adquiriu permissão para viver em Amor Fraterno .

– E onde ela está?

– Está na Colônia Nosso Lar e vai reencarnar em breve.

– Mas já faz muitos anos que ela morreu.

– O tempo aqui é bem diferente do tempo da Terra.

– Entendo. Aliás, estou vivendo isso. Pelo menos o Gilberto está aqui, e isso é bom.

– Exatamente. O Gilberto sempre foi um espírito muito evoluído. O fato de ter desencarnado quando ainda era uma criança não muda nada. Na verdade, ele só encarnou para ajudar sua irmã, mas ela não compreendeu. Você se lembra da dificuldade que eles tinham quando eram pequenos?

– Se lembro! Como você e o papai sofreram!

– Ela terá outras oportunidades. Confiemos nos desígnios de Deus.

– Você não sente saudades do papai?

– Sempre que posso, eu o visito em Laços Eternos.

– E eu poderei visitar os meus pais?

– Sim, com certeza.

– Eu nunca poderia imaginar que minha morte seria tão boa.

– A vida é uma locomotiva vagando pelas ferrovias da evolução, cheias de estações, que chamamos de oportunidades.

– Que bom, Ester! Eu estou muito feliz. Obrigado por me receber com tanto carinho.

– Meu amor, deixe-me mostrar uma coisa para você. Já que vai morar temporariamente aqui, eu vou lhe mostrar o seu quarto. Pode ser?

– Claro. Perdoe-me, mas eu não vou morar em outro lugar?

– Se quiser viver comigo, você poderá ficar o tempo que quiser.

– Eu não tenho que ir embora para uma casa somente minha?

– O que nos une na vida espiritual é o amor que sentimos uns pelos outros, mas a liberdade é direito de todos.

– Quero viver eternamente ao seu lado, dona Ester. Posso?

– Claro que sim, meu amor.

Marcelino abraçou carinhosamente Ester, que não conseguiu esconder a emoção daquele dia.

Após se refazerem, Marcelino seguiu até o quarto com a cadela Lola no colo.

– Lindo este quarto! Linda esta casa! Lindo este lugar!

– Você gostou?

– Estou apaixonado pela minha nova vida.

– Que bom! Agora precisamos ir até a cozinha e preparar o chá para nosso encontro com as meninas.

– Já tinha até esquecido que marcamos esse encontro com elas.

– Venha.

Marcelino e Ester se divertiram na cozinha para preparar biscoitos e doces para o encontro da tarde.

– Marcelino, deixe-me dizer uma coisa para você.

– Sou todo ouvidos, dona Ester.

– Os laços que nos unem são inquebráveis quando sinceros. Muitas vezes, nos iludimos com pessoas quando estamos encarnados. Aqui na vida espiritual tudo é diferente. Você jamais conseguirá enganar alguém que vive por aqui e nas outras cidades espirituais. E saiba, meu amor, que é o perdão sincero que nos aproxima da vida eterna nas cidades espirituais. Não adianta perdoar de fora para dentro. O perdão tem que acontecer de dentro para fora e ser exteriorizado através das ações de amor.

"Deus, em Sua infinita bondade, nos permite explorar tudo. Tudo é possível para um espírito em evolução, e você acaba de chegar no meio do caminho.

"Tudo, daqui por diante, é com você. É você quem decide onde quer viver, o que quer fazer e aonde quer chegar.

"A perfeição espiritual passa por várias estações. Aprenda a amar e a aceitar as mudanças interiores como reformas que o farão melhor. Assim, um dia, iremos novamente nos separar para caminhar pelo grande Universo, o Universo evolutivo de Deus. E, nesse Universo, todos os que alcançam a perfeição se sentam ao lado do Pai, para auxiliar no progresso de toda a Criação.

“Esta é uma estação.

“Que Deus abençoe todos vocês que estão lendo estas linhas! E fiquem certos de que, um dia, todos nos encontraremos para, juntos, recomeçarmos nossa história, a história pessoal e intransferível dos espíritos em direção à luz.”

– Obrigado, Ester, por suas palavras.

Saímos da casa e deixamos Marcelino e Ester felizes em mais um dia na vida espiritual

– Anotou tudo, Osmar?

– Sim, Nina – respondi, emocionadíssimo.

¬– Agora voltemos à nossa caminhada em direção à luz, que tudo sustenta – disse Felipe, ao meu lado.

– Osmar, que este livro auxilie todos a compreenderem definitivamente que não há acasos, que tudo está dentro do planejamento evolutivo dos espíritos. Sejam felizes! – disse Nina Brestonini.

Fim

"

O Espiritismo não é a religião do futuro.
O Espiritismo é o futuro de todas as religiões.

"

Frei Daniel

Considerações Mediúnicas

Em todas as minhas psicografias, relato a existência da vida dos espíritos, e isso me deixa extremamente feliz. Ser um instrumento instrutivo aos demais espíritas me deixa em condição de afirmar seguramente a todos que a vida atual que estamos vivendo encarnados é parte de uma grande jornada.

Não devemos descartar nenhuma orientação sem antes averiguar o conteúdo que nos é trazido pelos mensageiros do amor. Se a psicografia é instrumento iluminador, cabe a todos nós absorvermos as mensagens de forma plena. Devemos extrair do conteúdo o que nos modifica, o que nos transforma em seres melhores. Esse sempre foi meu intuito nesta curta jornada terrena.

Não desperdice o dom que você recebeu nos labirintos ilusórios da fama, do ego e da avareza imposta àqueles que se ensoberbecem simplesmente por serem portadores das informações do que nos acontece após a vida terrena.

Fiquem certos de que a realidade é aquela que você aproveita para modificar e transformar os inquietos sentimentos degradantes do espírito. Aproveite esta psicografia para acelerar seu progresso evolutivo. Essa é a verdadeira intenção deste simples operário, que não refuta, em nenhum momento, o desejo de que você seja melhor.

No mais, agradeço à Nina Brestonini, ao Felipe e aos demais espíritos desta obra pela oportunidade que tive e tenho todos os dias de ser o carteiro. Através do dom a mim ofertado, trabalho incansavelmente para entregar a todos a carta que nos modifica e nos faz ser o que realmente somos: espíritos em evolução.

Osmar Barbosa

“

A vida é agora, porque o amanhã é uma possibilidade que pode não acontecer.

”

Osmar Barbosa

Outros títulos lançados por Osmar Barbosa

Conheça outros livros psicografados por Osmar Barbosa. Procure nas melhores livrarias do ramo ou pelos sites de vendas na internet.

Acesse

www.bookespirita.com.br

www.compralivro.com.br

Cinco Dias
no Umbral
OSMAR
BARBOSA

O
Guardião
da Luz
OSMAR
BARBOSA

OSMAR
BARBOSA
ANTES
QUE A
MORTE NOS
SEPARE

COLÔNIA ESPIRITUAL
AMOR & CARIDADE
OSMAR
BARBOSA

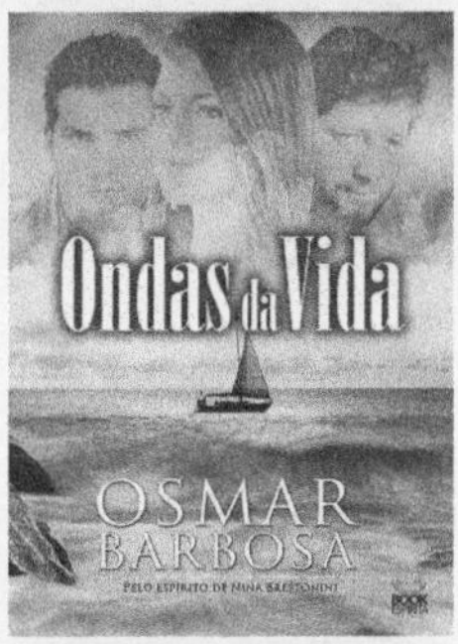
Ondas da Vida
OSMAR
BARBOSA

A
BATALHA
DOS
ILUMINADOS
OSMAR
BARBOSA

JOANA D'ARC
O AMOR VENCEU
OSMAR
BARBOSA

OSMAR
BARBOSA
ALÉM DO SER
A História de um Suicida

OSMAR
BARBOSA
EU SOU
EXU

Osmar Barbosa
Pelo espírito Daniel
Orai
&
Vigiai

500
almas
OSMAR
BARBOSA

OSMAR
BARBOSA
Gitano
AS VIDAS DO
CIGANO RODRIGO

O Amanhã
nos Pertence
OSMAR BARBOSA

Mãe,
voltei!
OSMAR BARBOSA
PELO ESPÍRITO NINA BRESTONINI

Entre Nossas
Vidas
OSMAR
BARBOSA
PELO ESPÍRITO DE NINA BRESTONINI

O Lado
Azul da
Vida
OSMAR
BARBOSA

OSMAR
BARBOSA
DEPOIS...
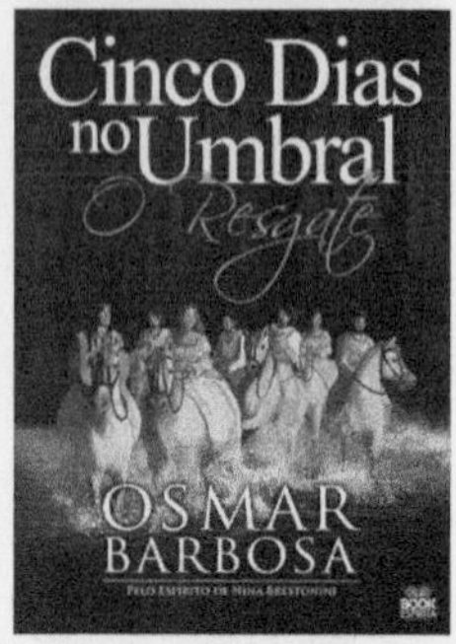
Cinco Dias
no Umbral
O Resgate
OSMAR
BARBOSA
PELO ESPÍRITO DE NINA BRESTONINI

O
LADO
OCULTO
DA
VIDA
OSMAR
BARBOSA

Entrevista
com
Espíritos
Os Bastidores do Centro Espírita
por
OSMAR
BARBOSA

VINDE A MIM
O Evangelho no Lar
OSMAR
BARBOSA

COLÔNIA ESPIRITUAL
AMOR & CARIDADE
Dias de Luz
OSMAR
BARBOSA

OSMAR
BARBOSA
Amigo
Fiel

IMPUROS
A Legião de Exus
OSMAR
BARBOSA
PELO ESPÍRITO DE LUCAS

O Médico de
DEUS
OSMAR
BARBOSA

AUTISMO
A ESCOLHA DE NICOLAS
OSMAR
BARBOSA
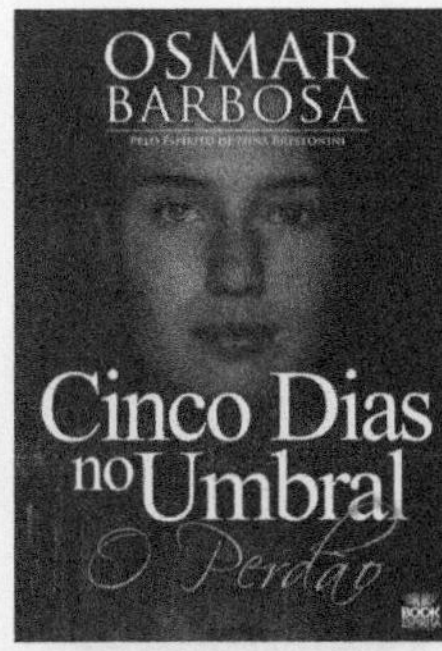
OSMAR
BARBOSA
Cinco Dias
no Umbral
O Perdão

UMBANDA
PARA
INICIANTES
OSMAR
BARBOSA

OSMAR BARBOSA
PARAFRASEANDO
CHICO
XAVIER
Seleção das mais belas frases
de Chico Xavier

OBSESSOR
OSMAR BARBOSA

Acordei no
OSMAR
BARBOSA

ROMANCE ESPÍRITA
A ROSA
DO CAIRO
OSMAR
BARBOSA
PELO ESPÍRITO DE NINA BRESTONINI

REGENERAÇÃO
UMA
NOVA
ERA
OSMAR BARBOSA

NINA BRESTONINI
DEIXE-ME
Nascer
OSMAR BARBOSA

A
Vida
depois da
Morte
OSMAR BARBOSA
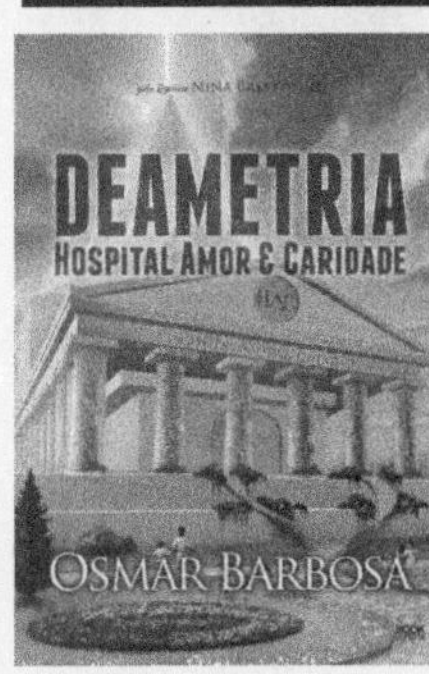
DEAMETRIA
HOSPITAL AMOR & CARIDADE
OSMAR BARBOSA

DEAMETRIA
A Desobsessão Modernizada
OSMAR BARBOSA

O SUICÍDIO DE ANA
OSMAR BARBOSA
NINA BRESTONINI
LUCAS

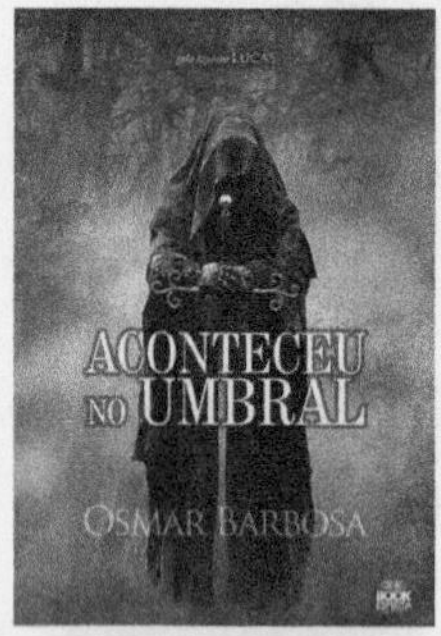
ACONTECEU NO UMBRAL
OSMAR BARBOSA

GUARDIÃO
OSMAR BARBOSA
LUCAS

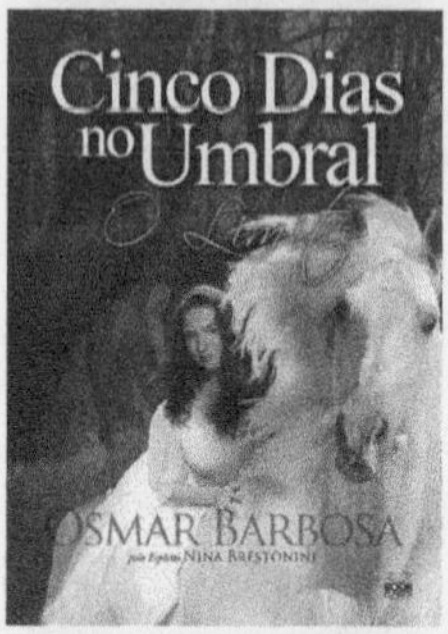
Cinco Dias no Umbral
OSMAR BARBOSA
NINA BRESTONINI

LUCAS
SUPERIOR TRIBUNAL ESPIRITUAL
A JUSTIÇA DIVINA
OSMAR BARBOSA

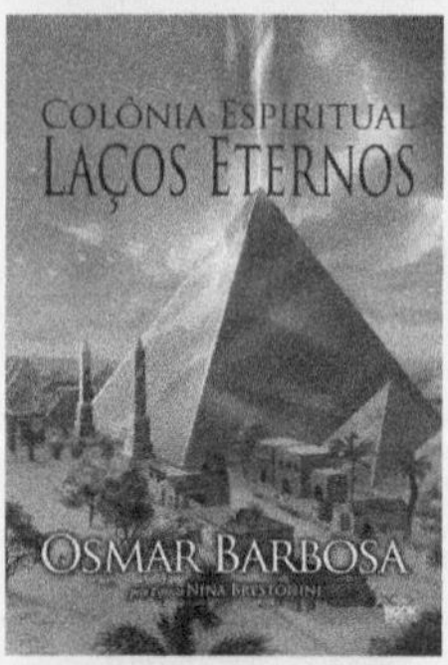
COLÔNIA ESPIRITUAL
LAÇOS ETERNOS
OSMAR BARBOSA
NINA BRESTONINI

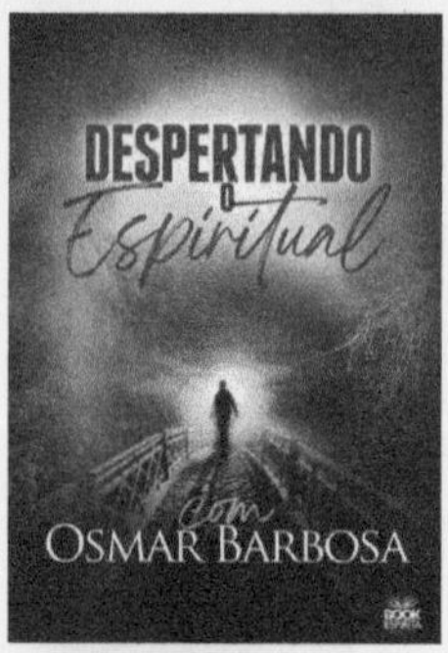
DESPERTANDO O Espiritual
com
OSMAR BARBOSA

LUCAS
UM ESPÍRITA NO UMBRAL
OSMAR BARBOSA

OSMAR BARBOSA
DIÁRIO
SUICIDA
LUCAS

VOCÊ MORREU?
OSMAR BARBOSA
NINA BRESTONINI

AO
UMBRAL
OSMAR BARBOSA
LUCAS

O
Diário
de um MORTO

OSMAR BARBOSA
A GAROTA
DO BALÃO

BOOK ESPÍRITA EDITORA

Esta obra foi composta
na fonte Century751
No2 BT, corpo 13.
Rio de Janeiro, Brasil.